Contraste insuffisant

NF Z 43-120-14

Illisibilité partielle

Valable pour tout ou partie
du document reproduit

Couvertures supérieure et inférieure
en couleur

ESSAI

SUR LES

SOURCES HAGIOGRAPHIQUES

DE LA

VIE DE SAINT LUCIEN

APÔTRE, ÉVÊQUE ET PATRON DU DIOCÈSE DE BEAUVAIS

PAR M. L'ABBÉ EUG. MÜLLER

SENLIS
IMPRIMERIE ERNEST PAYEN
11, place de l'Hôtel-de-Ville, 11

1878

Ouvrages du même auteur :

Notes sur l'Abbaye royale de Saint-Lucien, près Beauvais.

Trois Evêques de Senlis. — Obsèques d'un évêque au XVe siècle.

L'Evangéliaire de Noyon. — IXe siècle.

Les Pèlerins d'Emmaüs, ou *Une Neuvaine de Méditations, de Messes, de Lectures spirituelles, etc.,* propres à disposer les âmes à la Sainte-Communion. — Approuvé par Nosseigneurs les Archevêque et Evêques de Sens, de Beauvais, d'Arras, etc.

Lebrun-Tondu de Noyon, ministre des affaires étrangères en 1793.

L'Antiphonaire du Mont-Renaud. — IXe siècle.

De l'Apostolat de saint Rieul, premier évêque de Senlis.

Le Vitrail de Saint-Pantaléon à Notre-Dame de Noyon. — XIIIe siècle.

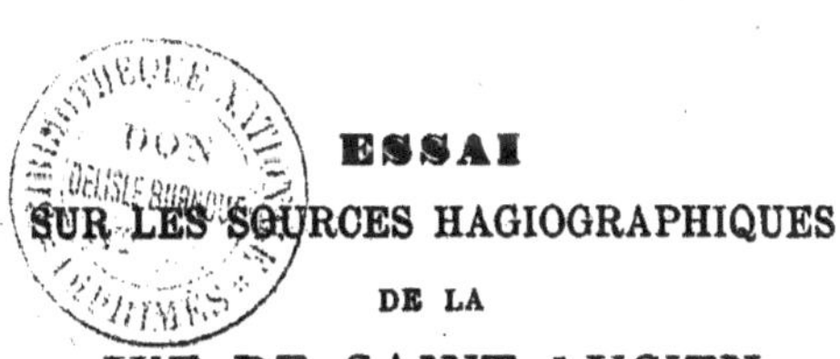

ESSAI
SUR LES SOURCES HAGIOGRAPHIQUES
DE LA
VIE DE SAINT LUCIEN
APÔTRE, ÉVÊQUE ET PATRON DU DIOCÈSE DE BEAUVAIS

ESSAI

SUR LES

SOURCES HAGIOGRAPHIQUES

DE LA

VIE DE SAINT LUCIEN

APÔTRE, ÉVÊQUE ET PATRON DU DIOCÈSE DE BEAUVAIS

PAR M. L'ABBÉ EUG. MÜLLER

SENLIS
IMPRIMERIE ERNEST PAYEN
11, place de l'Hôtel-de-Ville, 11

1878

(Extrait des *Mémoires du Comité archéologique de Senlis.*)

Ami Lecteur,

Les pages nouvelles que je vous offre « de grand cœur et volontiers » ne sont, à proprement parler, que l'essai d'un essai. Néanmoins, tout imparfaites qu'elles sont, j'ose espérer que vous leur ferez bon accueil. Elles ne seront guère lues que par des amis et des laborieux. Les premiers éprouveront un de ces aveuglements dont la bonne Providence nous afflige heureusement devant les défauts de nos chers. Les seconds savent, pour l'avoir expérimenté, les « patience et longueur de temps » qu'il faut, pour fixer avec une certaine exactitude ces mille détails de dates, de lieux, dont l'histoire se compose : ils seront indulgents en proportion de leur savoir. Du reste des humains je n'ai cure, que pour leur souhaiter tout bien.

Cet Essai m'a pris, depuis deux ans, une bonne partie de mes très courts loisirs : je lui sais gré d'avoir reposé un peu mon esprit des préoccupations tristes que notre époque de luttes impies et antisociales ménage à ceux qui pensent sainement.

Inutile de déclarer que, comme catholique et prêtre, je désavoue d'avance et sans réticence tout ce qui pourrait, dans cette discussion hagiographique, dépasser les limites et la forme de controverse que la Sainte Eglise et spécialement Benoît XIV nous ont tracées.

Sancte Luciane, ora pro nobis.

ESSAI

SUR LES SOURCES HAGIOGRAPHIQUES

DE LA

VIE DE SAINT LUCIEN

APÔTRE, ÉVÊQUE ET PATRON DU DIOCÈSE DE BEAUVAIS

CHAPITRE PRÉLIMINAIRE

1. A quelle époque faut-il de préférence placer l'apostolat de nos premiers missionnaires et en particulier de saint Lucien, c'est une question que L'Oisel [1], Louvet [2], le chanoine Delettre [3], l'abbé Sabatier [4], etc., ont résolue diversement, — oserai-je le dire? — avec plus d'autorité que de critique. Serait-il irrespectueux de réviser leurs considérants?

2. Je ne me dissimule pas la difficulté de cette tâche. Les origines de la plupart de nos églises, dès qu'on sort de la substance du fait pour envisager les détails, se refusent à la claire vue. Exemples : Quelle est la valeur testimoniale de tel ou tel monument hagiographique qui est comme la matière

---

[1] Mémoires des pays, villes, comté et comtes, évesché... de Beauvais et Beauvaisis. 1617.

[2] Histoire et antiquitez du Pais de Beauvaisis, etc., 1631.

[3] Histoire du diocèse de Beauvais. 1843.

[4] Vies des Saints du diocèse de Beauvais, etc., 1866.

première de l'histoire? Quelle est la pierre de touche qui distinguera entre la légende pieuse et le certain? Quelle est la méthode sûre qui débarrassera du vêtement de l'amplification la concision du texte primitif [1]?

3. Quoiqu'il en soit, nous tâcherons de demeurer fidèle à ces règles d'une critique sérieuse : *(a)* Respecter les traditions toutes les fois que des affirmations positives de l'histoire ne les viennent point démentir. « L'étude nous habitue chaque jour « davantage à compter sérieusement avec les traditions, » dit avec un grand sens M. E. Blant [2]. — *(b)* Peser, sans prévention, les autorités diverses que nous ferons intervenir. Pourquoi introduire dans la discussion ces termes fâcheux d'école historique et d'école légendaire? Pourquoi passionner le débat par des rapprochements avec les Launoy, les Baillet, etc.? — *(c)* Conserver volontiers aux vies des saints leur chapitre du prodige [3]? — *(d)* Eviter les systèmes *a priori* qui violentent les faits au lieu de les classer. — *(e)* Conclure seulement dans la proportion des prémisses.

4. Que si quelqu'un s'étonnait de nous voir, avec la seule autorité du chercheur, remettre en quelque sorte en question une thèse que le Propre du diocèse semble avoir définitivement

---

[1] L'africain Arnobe, au livre I de son *Traité contre les Païens* (en 304), disait déjà des interpolations que subissaient les gestes des martyrs : « Si qua (martyrum) gesta sunt litteris conscriptionibusque mandata, ma- « levolentia dæmonum... et consimilium his hominum, interpolata quædam « et *addita;* partim mutata atque detracta, verbis, syllabis, litteris ut « credentium tardarent fidem et gestorum corrumperent auctori- « tatem; » — et plus tard S. Adon, en son petit livre *Des fêtes des saints Apôtres :* « Magis eligit sobrietas Ecclesiæ cum pietate nescire « quam aliquid frivolum et apocryphum tenendo docere. » Arnobe et Adon indiquent deux sources des interpolations, additions, etc., que témoignent trop souvent les légendes : Le désir de ruiner l'autorité des documents hagiographiques, — une piété indiscrète qui ne consent point à ignorer.

[2] Inscriptions Chrétiennes de la Gaule, t. I, p. 271.

[3] « L'histoire de ces premiers temps est un prodige continuel. » J.-J. Rousseau. — Réponse au roi de Pologne.

tranchée, l'autorité de Benoît XIV nous servirait d'excuse : « L'on ne saurait » dit ce grand pape, citant précisément pour exemple ce que les Bollandistes appellent la *guerre aréopagitique,* « l'on ne saurait tenir pour interdit d'exposer, en con-« servant le respect qui convient et s'appuyant sur des raisons « graves, les difficultés qui se rencontrent dans les faits histo-« riques [1] » de la vie des saints.

Du reste, ne voit-on pas des savants parfaitement orthodoxes [2] soutenir sur la date de l'évangélisation des Gaules, sur le mode de la mission apostolique, sur l'unité ou la dualité de saint Denys, sur la fondation de telle ou telle Eglise particulière « des difficultés non légères », des martyrologes et des propres de bréviaire approuvés être en désaccord sur des questions de ce genre [3] ?...

CHAPITRE Ier

ACTES ANCIENS DE SAINT LUCIEN

§ Ier. — *Nomenclature.*

I. — VIE DE SAINT LUCIEN, D'APRÈS LE MOINE ANONYME

Le P. François Chifflet fournit à la collection des Bollan-

---

[1] «... Asserimus apostolicam sedem non judicare inconcussæ esse et « certissimæ veritatis quæcumque in Martyrologium Romanum inserta « sunt... Attamen ita ut vetitum existimari non possit, debita cum reveren-« tia et gravi fundamento, quæ occurrunt in factis historicis, difficultates « exponere... una cum permissione benigne indulta eruditis difficultates « excitandi non leves super iis quæ in lectionibus recitantur. »
De servorum Dei beatificatione et canonizatione, liv. IV, pars II.

[2] Voir *Etudes sur la critique historique*, par le P. Ch. de Smet dans les Etudes religieuses, historiques et littéraires, par les Pères de la Compagnie de Jésus, avril 1870.

[3] Le bréviaire de Beauvais dit : « Luciani episcopi ; » celui de Paris : « S. Luciani *presbyteri* et martyris. »
« Si plusieurs de vos assertions s'écartent assez notablement de ce que nous admettons jusqu'ici, elles ne sauraient être, à la légère, révoquées en doute, etc. » Lettre de Mgr l'évêque de Beauvais, 25 juillet 1861, à M. Charles Salmon sur Hist. de saint Firmin.

2

distes une première légende de saint Lucien dont il avait rencontré le texte manuscrit au monastère de Sainte-Marie de l'Arivour (diocèse de Troyes). « La moins mauvaise de ces pièces, » ce sont les auteurs de l'Histoire littéraire de la France qui parlent avec cette rudesse des actes de saint Lucien, « n'est qu'un sermon prononcé au jour de la fête du « Saint, où l'on ne trouve que des traditions populaires ornées « de lieux communs. C'est l'ouvrage d'un moine Beauvaisin « qui vivait à la fin du VIIIe siècle. » Les Bollandistes, dont la critique est toujours si réservée, ne formulent d'autre jugement que celui-ci : « Nous conjecturons, mais cela n'est « point assuré, qu'il faut attribuer cette vie à un moine érudit. » Ce sentiment que leur sagacité fonde sur l'appellation : « Mes frères, » — sur ces insistances : « Nous prendrons soin de « vous recommander la louable mortification d'un moine « parfait, etc., a été suivi par Tillemont, le chanoine De- « lettre, etc. »

L'on retrouvera cette version à la Bibliothèque nationale, fonds latin, 3788, folio 25, XIIe siècle ; — 16736, XIIe siècle, de Saint-Martin des Champs; — 17003, f° 40, XIIe siècle, de Saint-Bernard de Paris ; — 5319, XIVe siècle; — 14650, XVe siècle, f° 26, de Saint-Victor, etc.

II. — VIE DE SAINT LUCIEN, D'APRÈS ODON

Le monastère de Saint-Lucien enrichit les mêmes *Acta sanctorum* d'une autre vie manuscrite que Pierre Louvet et les Bénédictins de Saint-Lucien tenaient pour une œuvre d'Odon ou Eudes I. Le nom de cet illustre personnage qui fût successivement soldat, abbé de Corbie en remplacement de Paschase Radbert (851), et évêque de Beauvais (860 ou 861-881) [1] doit-il demeurer comme une désignation vraie attachée à cette version ? La plupart des critiques ne le pensent point.

[1] Voir sur Odon : Jean VIII, lettre 146e (-882) ; — Loup de Ferrières (-882), lettre dernière ; — Flodoard : Hist. de l'Eglise de Reims, liv. III,

« Il reste, » dit dom Ceillier, « quelques autres écrits sous « le nom d'Eudes ou Odon, mais on n'a pas de bonnes preuves « qu'il en soit auteur, savoir un discours sur saint Lucien, « patron de Beauvais et martyr sur la fin du IIIe siècle. » A quoi Delettre enchérit : « Des considérations qui nous « paraissent très-graves font juger cette vie antérieure à ce « prélat. » Et l'abbé Sabatier, avec moins de réserve : « Elle « est évidemment antérieure à ce pontife. »

Oserai-je le dire? Je trouve fort discutables les considérations pour lesquelles le chanoine Delettre et l'abbé Sabatier retirent à Odon le panégyrique qui a traversé les siècles à l'abri de son nom et s'intitule encore au propre des Offices du diocèse : « Homilia sancti Odonis in S. Lucianum. » Quelles sont-elles? Première considération : Le texte porte que « Saint Lucien et ses compagnons arrivèrent à Pavie, *ville royale.* » Or, Pavie ne fut ville royale qu'à l'époque des Goths, donc entre les années 551 et 774. — Deuxième considération : « Saint Denys dirige Saturnin vers Toulouse, « comme vers la *capitale de l'Aquitaine.* » Or, Toulouse, qui appartenait à la Gaule narbonnaise, ne mérita ce titre honorifique : « *Aquitaniæ caput* » qu'au temps où Caribert (629-634) et Louis-le-Pieux y fixèrent leur résidence, le premier d'une façon permanente, le second en passant. Que faut-il conclure? Qu'Odon a travaillé de seconde main un texte primitif, dont il n'a point suffisamment rajeuni certaines formules. Cette façon de greffer des lieux communs sur des actes anciens, ou même d'adapter à un saint des actes pris d'ailleurs, n'est point un fait isolé [1]. Pour exprimer crûment ma pensée,

---

chap. XXI et XXIII, (-966). — Aimoin, liv. V, chap. 33, 34 et 39 (-1008). — L'Oisel, — Louvet, — les abbés Sabatier et Corblet.

A sa requête, Charles-le-Chauve donna à l'abbaye de Saint-Lucien la terre de Luchy.

[1] Exemples : La vie de saint Denys a des conformités avec celle de saint Gaudence, évêque de Novare. — Les Grecs Métrodore, saint Méthode, Michel Syncelle ont traduit dans leurs aréopagitiques des sources latines. —

il me semble d'une critique imprudente, lorsqu'on se trouve entre une tradition immémoriale, universelle, non contredite, et une difficulté très-vincible d'interprétation, de faire si bon marché de la croyance des anciens.

(a) « On tient en l'abbaye de Sainct-Lucian, » dit L'Oisel, « que c'est luy (Odon) qui a composé la légende qu'ils ont de « cet évesque [1]. » « Le nécrologe de Saint-Lucien », ajoute Simon, « marque qu'il avoit écrit les vies des saints martyrs « Lucien, Julien et Maxien [2]. » On y lit, en effet, au 3 des ides de février : « Odo episcopus qui fecit historiam sanctorum « Christi militum in honorem sanctorum martyrum Luciani, « Maxiani et Juliani. » [3] Une tradition semblable d'une abbaye Bénédictine touchant son patron et l'un de ses insignes bienfaiteurs, un nécrologe n'est pas une autorité sans valeur!... — *(b)* Les considérations qui « font juger cette vie antérieure à Odon » obligeraient à reculer sa composition ou au moins son remaniement dernier à l'époque des faits historiques susindiqués, c'est-à-dire au commencement du VIIe siècle. Peut-on accepter cette conséquence? — *(c)* La vie de saint Lucien *auctore Odone* sent évidemment le IXe siècle, ainsi qu'on le le verra dans la suite en comparant ce panégyrique avec les *actes fabuleux* de saint Denys et les imitations que les Grecs en multipliaient.

Nota. — Odon, comme on peut le trouver au Spicilége [4] de

Odon a copié un hagiographe de saint Denys. — La vie de saint Yon n'est qu'un plagiat des actes de saint Lucien, etc., etc. — Les actes de saint Materne (3 sept.) renferment plus d'un trait qui sent l'imitation des légendes de saint Denys et de saint Lucien... N'oublions point, cependant, que « la « légende n'est point une pure création de la vénération » et que si parfois une piété indiscrète et la grossièreté des temps ont altéré la belle vérité, le fond du fait est antérieur et supérieur à ces funestes *additamenta*.

[1] P. 76 et 86.

[2] Nobiliaire du Beauvaisis.

[3] Dom Grenier, Picardie, t. XII, p. 805. Bibl. nat.

[4] T. IV, p. 504.

dom Luc d'Acheri, donna à l'abbaye de Saint-Riquier une partie des reliques de saint Lucien et de saint Just.

La Bibliothèque nationale nous a conservé la version d'Odon, fonds latin, 9741, folio 98, XIIe siècle, département du Mont-Tonnerre : Incipit passio alterius Luciani martyris. — 5291, XIIe siècle, etc.

III. — VERSION DE SAINT MAXIMIN, DE TRÈVES

Le Père Bolland rapporte que le monastère de Saint-Maximin de Trèves et Louvet possédaient une vie de saint Lucien « semblable à la précédente, mais presque toujours amplifiée. « Nous lui préférons, » dit-il, « la version *auctore Odone,* parce « qu'il existe plus de probabilités pour celle-ci qu'elle est le « texte véritable d'Odon, *quod probabilius sit genuinam « esse atque ab Odone scriptam.* »

IV.

Louvet, que je citerai plus d'une fois, bien que son érudition manque parfois de critique, emprunte à une autre légende de saint Lucien « plus diffuse » qu'il avait trouvée « dans un « vieux manuscrit de l'Eglise Saint-Michel de Beauvais » ce fait d'histoire locale : « Ce fut... en l'an second de Néron que fut construite la forteresse de Beauvais [1]. »

V.

« Une relation, » disent les auteurs de l'Hist. litt. de la France, « une relation manuscrite du martyre de saint « Lucien qui appartient à l'abbaye de Saint-Germain-des-Prez « montre au moins neuf cents ans d'antiquité (833) et l'on « croit y reconnaître des corrections de la main du B. Pas- « chase Radbert. » L'on sait que Paschase Radbert était l'un des adversaires de l'opinion qui fait de saint Lucien, de saint

---

[1] N'existe-t-il pas à la Bibliothèque de Lille une copie très-ancienne du légendier de Saint-Michel de Beauvais?

Quentin, etc., des compagnons du premier évêque de Paris. Quelle est cette vie de saint Lucien?

NOTA I. — Radbert, qui, selon l'usage des temps, ajouta à son nom franc le surnom latin de Paschasius, naquit dans le Soissonnais [1] à la fin du VIIIe siècle (vers 780), se réfugia à l'âge de 22 ans dans l'abbaye de Corbie, reçut l'ordre du diaconat, féconda par le travail un grand talent naturel, apprit le Grec et l'Hébreu, composa des ouvrages d'histoire et de théologie qui l'ont placé au premier rang pour l'érudition et la sûreté du goût parmi les écrivains du IXe siècle, forma le B. Adélard-le-Jeune, saint Anschaire, Hildeman, Odon, Warin, etc., devint abbé de Corbie en 844, s'exila en 851 à Saint-Riquier (pourquoi?) revint de nouveau à son monastère pour s'y consacrer uniquement à la prière et à l'étude, mourut le 26 avril 865, et fut déposé dans l'église de Saint-Jean-l'Evangéliste, puis dans celle de Saint-Pierre de Corbie, où l'on vient de découvrir son tombeau très-précieux [2].

NOTA II. — Dans la Passion des saints martyrs Rufin et Valère, qu'il composa à la demande des habitants de Bazoches, Radbert rapporte « qu'ils sont venus de Rome avec « Quentin, Crépin, Crépinien, Lucien, mais non avec saint « Denys [3]. »

NOTA III. — Il importe de remarquer la situation difficile qu'avaient faite à ce grand homme ses convictions sur la date de l'évangélisation de nos pays et la croyance de l'aréopagitisme qu'Hilduin avait mise en grande vogue comme un goût politique de l'époque. Il fallait à Radbert ou bien prendre parti contre Hilduin et la cour avec « ces gens d'opposition » que l'abbé de Saint-Denys appelait dans sa thèse pieuse « des com-

---

[1] A Soissons ou dans les environs. Voir dans *Analecta juris pontificii*, avril 1876 : Paschase Radbert, Etude sur sa vie et ses écrits, par dom Grenier.

[2] Les Bollandistes au XIV juin disent que Radbert mourut en 851.

[3] Bolland, 2 juill. Voir *infra* le texte de Radbert.

« pagnons du père du mensonge », — ou bien reculer jusqu'au Ier siècle, à côté de saint Clément et de saint Denys, devenu l'aréopagite, les missions connexes de saint Fuscien, de saint Quentin, de saint Lucien [1], etc., — ou bien séparer hardiment ces saints de l'apôtre de Paris. Il suivit ce dernier procédé.

§ II. — *Parallèle annoté des deux versions principales de la vie de saint Lucien, du moine anonyme, A, et d'Odon, B.*

NOTA. — J'ai suivi à peu près les Bollandistes pour le numérotage et le sommaire des alinéas.

A	B
1. *La lecture de la vie des saints est pleine d'utilités :* ... De quorum collegio beatissimus Lucianus extitit martyr... Ipsius adjutus suffragio qui mihi suæ dignatus est seriem passionis intimare. Vos itaque, fratres, sollicite audire contendite...	1. *Le Christ vainc dans ses martyrs et trouve de l'honneur dans les louanges qu'on leur décerne :* ... Fratres carissimi. (*a*).

(*a*) Le manuscrit de Saint-Maximin de Trèves introduit dans le texte d'Odon quelques réflexions sur la nécessité d'imiter les saints.

A	B
2. *Le Cesar Julien persécute les chrétiens :* ... Cum Julianus impiissimus Cæ-	

[1] Louvet a si bien senti cette connexité nécessaire de temps et d'apostolat qu'il faut conserver entre ces saints, qu'il n'a point hésité à sacrifier à ses convictions aréopagitiques les affirmations les plus unanimes de toutes les légendes pour dire : « La vérité est que *saint Quentin*, saint Crépin et saint Crépinien estoient du temps de saint Denys et qu'ils estoient du nombre de cette grande bande envoyée par saint Clément, etc » Histoire de la ville et cité de Beauvais, etc., p. 150 et 151.

A

sar (*a*) decreta principum accepisset... (*b*) Erat enim tunc sanctorum persecutio generalis... (*c*).

B

(*a*) Ces expressions : Julianus Cæsar, Julianus princeps, Juliani imperatoris, etc., se retrouvent dans la vie de saint Yon, dans Florus, dans Raban-Maur et Notker... Quand vécut ce Julien? Louvet affirme que Sisinnius, ayant appris la mort de Domitien en 96, retourna à Rome et fut remplacé dans sa chasse impie des chrétiens par un certain préfet Julien... « opiniâtre, méchant, habile, » dit dom Ruinart.

(*b*) C'est à la persécution de l'an 303 à 313, si justement appelée *ère des martyrs*, sous les princes Dioclétien et Maximien, que paraissent davantage convenir ces expressions.

(*c*) « Très grande persécution. » Nicéphore. « Meurtre de persécution. » Constantin le Grand. (Oratio ad sanctum cœtum, cap. 25).

3. *Lucien vient en Gaule avec saint Quentin et saint Denys :* (*a*) ... Beatissimus vir S. Lucianus sanctissimo martyri consociatus Quintino, urbe Roma cum Beato Dionysio pariter egressi, Gallias adierunt...

2. *Saint Lucien, appelé d'abord Lucius* (*b*), *reçoit le baptême dès son enfance. Il était Romain, fils du consul Lucius* (*c*) *et disciple de saint Pierre :* ... De quorum collegio extitit Beatissimus Lucianus insignis et gloriosus martyr... Vere Petri apostoli discipulus fuit (*d*) et in ejus fundatus fide atque cœlestibus imbutus disciplinis : quod satis series gestorum, tempus et ordo loquuntur (*e*).

(*a*) La vie A présente saint Quentin comme le compagnon *attitré* de saint Lucien, semble ne citer saint Denys que pour établir une société de seconde main entre nos apôtres et le patron de la France et se tait absolument sur le pape saint Clément. — La vie B, au contraire, biffe le nom de saint Quentin, dont la présence insultait trop évidemment à la chronologie, donne une grande importance à saint Denys et introduit, avec une insistance qui sent un épisode pris d'ailleurs, saint Clément. Ces divergences trop peu remarquées me paraissent dignes d'êtres notées et sont comme le sceau de deux écoles historiques. Voir *suprà* la note III sur Paschase Radbert.

(*b*) Le nom *Lucius*, que saint Lucien porta avant son baptême, qu'il a conservé dans un ou deux mss de la vie de saint Quentin, que l'auteur de la légende de saint Rieul ramène étourdiment : « Præfatus Lucianus cum « Lucio... » est-il l'explication de ces affirmations tranchantes de l'abbé Sabatier : « Lorsque saint Quentin entra dans Amiens, Lucius était resté « à ses côtés, Lucius que certains auteurs ont confondu à tort avec saint « Lucien, etc. » Que l'on distingue deux Lucien, c'est une hypothèse qui a paru à Baronius, à l'abbé Corblet, etc , un mode de solution nécessaire et qui pourrait peut-être se défendre (nous y reviendrons), mais pourquoi appeler *Lucius* le compagnon de saint Quentin?...

(*c*) Quel est cet illustre « magnus » consul Lucius? Il est dit aussi de saint Clément, apôtre de Metz, qu'il était « consul romanorum, patruus « Clementis papæ et martyris, inter senatores primus, etc. »

(*d*) Louvet affirme que Lucien fut converti à Rome par saint Pierre; certaines éditions plus récentes de Notker et René Benoist disent qu'il vint d'Antioche à Rome; d'autres monuments hagiographiques, Siméon-Métaphraste, etc., le présentent à demi comme un Gaulois converti. Le premier sentiment a pour lui la tradition exprimée par la prose ancienne : « Romæ « Petro prædicante... Lucianus credidit, » la vie de sainte Marie-Madeleine attribuée à Raban, etc.; le second semble le fruit d'une confusion entre Lucien de Beauvais et Lucien d'Antioche, voir *infra*; le troisième manque de bases.

Faut-il prendre à la lettre ces locutions : Disciple des apôtres, de saint Pierre? Le mot disciple s'applique souvent à ceux qui s'inspirent des leçons d'un maître. Théodoret, saint Epiphane, les Ménées des Grecs appellent saint Irénée « successor apostolorum. » « Jam ostendi », disent les Bollandistes de saint Ursin (30 juin), « promiscue dici successores et discipulos » apostolorum. » Voir sur ces distinctions dom Ruinart (Gregorii opera præf., n° 61), lequel pense qu'il faut entendre par disciples des apôtres ceux qui professent la doctrine qu'ils ont semée.

Remarquer que la vie A ne fait point mention de saint Pierre comme maître de saint Lucien, mais placera sur les lèvres de notre apôtre ce langage très vague : « L'on sait que dans la régénération que donne l'eau « sacrée du baptême, j'ai été nommé Lucien par la bouche sacrée du prêtre. »

(*e*) Les mots « *claret*, il est clair, — *quod si quaeritur*, si l'on « demande, — *vere*, pour sûr, — *quod satis*, ce que disent assez la suite « des faits, le temps et l'ordre des événements » ont un air de démonstration qui sent une thèse à établir contre des opinions hostiles plutôt qu'un fait à narrer pieusement. — Je trouve à cette dernière phrase : « Quod « satis series gestorum, etc., » une certaine ressemblance avec ces expressions de la lettre de Louis-le-Débonnaire à Hilduin sur saint Denys : « ... Quæ... inveneras..., secundum quod rerum, causarum etiam ac tem- « porum convenientiam noveris, in corpus unum redigas, » et avec certains termes de la vie des saints Rufin et Valère par Radbert.

A | B

3. *S. Denys vient à Rome (a)*... Idem S. Dionysius qui et Macarius...

(a) Sur ce voyage de saint Denys à Rome, sur sa rencontre avec saint Clément, sur la mission de saint Denys, sur l'introduction de saint Lucien dans la cohorte sacrée qu'il entraîna vers Lutèce, etc., voir *infra :* Actes fabuleux de saint Denys, Vie de saint Eugène et Légende de saint Rieul. — Odon, comme nous le verrons, a connu ces *actes fabuleux* ou quelque texte aujourd'hui disparu qui les a inspirés.

4. *Saint Clément envoie Denys dans les Gaules et lui adjoint entre autres saint Lucien :* ... Cœpit S. Clemens socios ei quærere... quam plures, inter quos (a) elegit idem Pontifex... Lucianum... quem et ordinavit Episcopum (b) quia fuerat sub doctrina Petri apostoli ad fidem penitus institutus... Quem ideo, quia antiquior (c) Christi et Petri fuerat discipulus, ita consociavit S. Dionysio ut ejus esset interpres et ceteris quasi pater venerabilis... *Allocution de saint Clément.*

(a) Les Actes fabuleux de saint Denys disent comme la vie B : « Sociosque ei (Clément à saint Denys) Saturninum, Marcellum, Lucianum « adhibuit. » Mais les actes plus anciens de saint Denys que du Bosquet et Félibien ont édités, ne donnent de compagnon à saint Denys que Rustique et Eleuthère, semblent attacher Saturnin à une mission apostolique antérieure et ne font aucun souvenir de saint Lucien.

(b) La vie A, les Actes fabuleux de saint Denys, Métrodore, qui les a copiés, Siméon Métaphraste, le martyrologe attribué au vénérable Bède,

Raban-Maur, Usuard appellent saint Lucien « prêtre » et deux Vies de saint Rieul ajoutent : « Le peuple de Beauvais supplia saint Rieul d'élever « son athlète à la dignité épiscopale. Mais Rieul... arriva après le « martyre du bienheureux Lucien... » — Qui conféra à Lucien l'épiscopat? Saint Clément, dit Odon; Denys, d'après d'autres; Rieul, selon le martyrologe de Senlis, etc. Nous y reviendrons.

(c) Anno vero quarto decimo facta est divisio apostolorum, et Petrus orientem relicturus Romamque iturus designavit regionibus occidentis quas ipse adire non poterat Evangelii prædicatores de nobilioribus in Christo et *antiquioribus discipulis Christi* in regionem Galliarum. (Vie de sainte Marie-Madeleine, ch. XXXVI)

A	B
	5. *Saint Lucien prêche auprès de Parme* (*a*) *et est jeté en prison.*

(*a*) A Fidentia Juliæ, aujourd'hui Borgo-san-Domnino, entre Parme et Plaisance.

A	B
	6. *Les Chrétiens le tirent de sa captivité :* ... Erant ibidem jam quidam christiani (*a*) ..... absolverunt eum...

(*a*) Erat enim ibidem jam Christi discipulus, Domninus nomine, qui perfectus adhuc hodie confessor Domini in eodem loco requiescit gloriosus. Nam et ipse locus ex ejus nomine vocabulum sumpsit. (Version de saint Maximin de Trèves.)

Saint Domnin était cubiculaire de Maximien-Hercule (286-306) ou, selon Baronius, de Julien. Voir Boll., IX oct. — Les expressions « Erat Christi « discipulus Domninus nomine » sont-elles un reste d'une légende primitive qu'Odon a généralisée dans l'intérêt de sa chronologie, — ou une interprétation faite après coup du « quidam Christiani, » — ou un abus maladroit d'une coïncidence de jours natals et de noms? J'inclinerais volontiers vers cette troisième hypothèse. Le martyrologe de Florus en effet (édition de Cologne), après avoir mentionné saint Denys, sa mission sous Clément et son martyre sous Fescennin, ajoute : « Item sancti Domnini qui sub « Maximiano decollatus est » Et Raban-Maur, après avoir rapporté : « In Parisiis passio Dionysii episcopi et martyris, Rustici presbyteri et « Eleutherii diaconi quos referunt a Clemente papa in Galliam missos » ajoute, appliquant peut-être à saint Domnin les prodiges du tombeau de saint Denys : « Eadem die natale est Domnini martyris qui sub Maximiano « imperatore propter fidem Christi decollatus est. Hic post martyrium « suum multa miracula fecit in sanitate infirmorum et debilium, etc. »

A | B

7. *Lucien prêche chez les Insubriens, dans la Gaule transpadane :* ... Inde Ticinum veniunt ad regiam (*a*) Italiæ civitatem...

(*a*) Pavie ne fut ville royale qu'à l'époque des Goths (551-774). Je crois avoir suffisamment répondu à l'objection que le chanoine Delettre et l'abbé Sabatier tirent de cette appellation.

8. *Il aborde à Arles :* ... Portui appulerunt Arelatensium civitatis (*a*). Cœperunt ibidem conquirere singuli quas partes in prædicationem eligerent (*b*)... Sicque factum est ut Marcellinum (*c*) sanctissimum cum paucis, ut fertur, ad Hispaniam mitterent : Saturninum (*d*) vero Tolosam dirigunt, ac si ad Aquitaniæ caput (*e*), ut longe lateque æterni regni Evangelium propagarent...

(*a*) Par une rencontre singulière de dates et de lieux, des reliques de saint Lucien d'Antioche — lequel possédait plus d'un trait de ressemblance avec saint Lucien de Beauvais, et était vénéré autrefois chez les Grecs le VII *janvier*, — auraient été apportées sous Charlemagne de l'Orient à *Arles*, et une église bâtie là en son honneur. Ce point piquant de critique mérite que nous y revenions. — C'est saint Denys qui parle à Arles, dit Métrodore ; c'est saint Rieul, affirme sa légende. — Saint Denys a-t-il été le premier évêque d'Arles ? — A-t-il choisi et ordonné pour gouverner cette église le saint Trophime, disciple de saint Paul, ou un second Trophime ? — A-t-il laissé en cet endroit saint Rieul ?

(*b*) Cette pensée est fréquemment exprimée dans les légendes de nos premiers apôtres Clément, saint Quentin, etc.

(*c*) Louvet passe ce nom sous silence — Ce Marcellinus est probablement Eugène Marcel (XV novembre), lequel, d'après ses actes évidemment inspirés des actes de saint Denys « fut disciple de saint Denys l'Aréopagite, « poussa ses prédications jusqu'au cœur de l'Espagne, fonda l'église de

« Tolède, et fut martyrisé comme il venait rendre compte à son maître des « progrès de l'Evangile, à Deuil en Parisis, par les satellites de Sisinnius. « Postquam, » disent ses actes en Surius, « beatum Dionysium Paulus apos « tolus ad fidem Christi convertit et Athenarum præfecit episcopum, Ro- « mam adiit ubi non longe post martyrium sumpsit (66) : Cujus desiderio « B. Dionysius illuc pergens, Beatum Petrum ac eumdem Paulum martyrio « coronatos invenit sanctumque *Clementem* apostolicæ sedis cathedra « sublimatum reperit (91) : Cujus benedictione roboratus apostolatuque ab « eo Galliæ suscepto, cum pluribus coepiscopis et presbyteris et diaconibus, « Arelatensem civitatem usque pervenit... Eugenium vero Toletum mittere « studuit. »

(*d*) A quelle époque faut-il placer la mission de saint Saturnin? Quatre opinions.

Première. — Les abbés Faillon (Monuments inédits, p. 283), Latou (Hist. de saint Saturnin) et Darras, MM. Natalis de Wailly (Elém. de paléographie) et Charles Salmon, dom Piolin, etc., etc., raisonnant sur la légende de saint Austremoine attribuée à tort à saint Priest de Clermont (VIIe siècle) — elle renferme des erreurs évidentes, — sur un *sanctoralis et passionalis* du Ve siècle trouvé en 1793 dans la Bibliothèque Ricciardi, de Florence, — sur des actes des saints Saturnin, Honeste et Firmin découverts par Macéda dans la Bibliothèque Laurentienne de la même ville, — sur la tradition de l'église de Pampelune, etc., le font arriver sous l'empire de Claude, successeur de Caïus Caligula, donc entre 41 et 54.

Seconde. — L'abbé Arbellot, l'auteur de la Défense des origines chrétiennes de la Gaule, etc., tiennent que saint Saturnin fut envoyé par le pape saint Clément, donc entre 67 et 76, ou plutôt entre 91 et 100. L'abbé Corblet s'efforce de concilier ces deux opinions. (Hagiogr., II, 110.)

Troisième. — Un manuscrit du VIII ou IXe siècle de saint Maur des Fossés, Florus, Adon, Usuard, le martyrologe romain, L'Oisel, dom Ruinard, les Bollandistes, Mamachi (Origines et antiquitates christianæ, t. I, p. 415), l'abbé Bernard et autres partisans de l'école Grégorienne font mourir saint Saturnin sous Dèce, donc entre 249 et 251.

NOTA. — Grégoire de Tours ne s'est point contenté, pour se renseigner sur saint Saturnin, des actes de ce saint, puisqu'il fournit sur l'évêque de Toulouse certains détails que cette source ne renferme pas. Dans son livre de la *Gloire des Martyrs*, ch. 48, il rapporte que saint Saturnin « fut envoyé, dit-on, par les disciples des apôtres. »

Quatrième. — Du Bosquet place le martyre de saint Saturnin en 257, Tillemont et dom Rivet en 287, le père Stilting, dom Grenier, les auteurs du *Gallia christiana* en 290, Baronius, la Morlière, le Cointe, etc., en 303, etc.

Il est bon de remarquer que les actes de saint Denys rapportés par Félibien, indiquent deux missions gauloises tout à fait diverses : l'une vraiment apostolique dans laquelle sont vigoureusement tracées les figures de Saturnin et de Paul de Narbonne, — l'autre plus tardive qui amène, envoyés par saint Clément (ce nom est-il une interpolation?) Denys, Rustique et Eleuthère.

(*e*) Voir *suprà*.

A	B
4. *Lucien se rend chez les Bellovaques* : ... A Beato Dionysio presbyterii sumpsit officium et Belvacensem ad urbem cursu properavit intrepido. Atque tunc S. Dionysius Parisius abiit, S. denique Quintinus Ambianis civitatem elegit...	9. *Lucien est envoyé à Beauvais* : ... Beatus Dionysius qui et alio nomine Macarius (*a*). Secum adhuc sacratissimum Lucianum retinuisse noscitur, donec Lutetiam Parisiorum oppidum perveniret. Unde... S. Lucianum... cum sancto Maxiano presbytero et Juliano diacono... (*b*) Belvacus misit quo custodia Romanorum et militaris exercitus, ut legimus, residebat, quoniam gens Belvacensium semper bellicosa fuisse narratur... (*c*).

(*a*) Trois remarques :

Première. — Ce Macarius semble un écho du récit difforme de Visbius ou d'une légende antérieure qui leur a servi d'inspiration commune : « De « matre mea quæ prodidit patrem meum a Macario Dionysio christianum « Fescennio Sisinnio... Cum cæsa cervice vidisset caput suum illum cum « luce grandi portare, clamavit se esse christianam et occisa est. » (Compilation d'Hilduin.)

Seconde. — Cette appellation Macarius, n'aurait-elle pas été inventée par un traducteur ignorant qui ne comprenait pas la valeur de l'épithète Makarios — heureux — attachée d'ordinaire par les Grecs au nom des martyrs? Je suis très porté à croire que le « sanctus Dionysius qui et Macarius » d'Odon est la traduction du « Deus Macario (beato) Dionysio, « vivificare donavit » de Métrodore.

Troisième. — Cette expression fournit de nouveau une matière de singulier rapprochement entre notre saint Lucien et saint Lucien d'Antioche, lequel « vécut en sa première jeunesse à Edesse avec un certain Macarius. »

(*b*) Massianus, Maxianus, Maximianus, Messianus. D'après Odon, Maxien et Julien sont envoyés de Rome avec saint Lucien ; d'après la version de saint Maximin de Trèves et d'autres autorités, ils auraient été convertis dans le Beauvaisis même par saint Lucien. D'après A, tous deux sont prêtres ; d'après B, Maxien est prêtre, mais Julien diacre.

(*c*) « Propter insolentiam eorum (habitants) seu propter custodiam cæterarum (villes). » Vers. de S. Maximin de Trèves.

A

5. *Il prêche la foi et opère beaucoup de conversions :* ... Trinitatem, Spiritum sanctum ab utroque procedentem... (*a*)

6. *Sa merveilleuse mortification, ses autres vertus :* ... Sed prius... perfecti monachi laudabilem continentiam curabimus intimare... Sustentabat enim eum cœlestis alimoniæ victus (*b*) et membra debilia divina gratia roborabat.

B

10. *Il instruit par sa parole, ses exemples et ses miracles; sa piété et sa mortification :* ... Sustentabat autem eum virtus divina (*c*) et membra debilia (*d*) Christi gratia roborabat.

(*a*) *Sic* Actes fabuleux de saint Denys. — Sur cet *ab utroque*, voir *infra*, § III.

(*b*) Probablement « virtus ». — Voir S. Mansuet, 3 sept.

(*c*) Remarquer la ressemblance ici et plus loin entre les versions A et B. — Louvet rapporte que saint Lucien célébrait la messe à l'endroit où Raoul l'Enfant, sénéchal de France, fit reconstruire en 1078 l'église qui s'appela dans la suite Saint-Nicolas « et tient qu'en perpétuelle mémoire les cha- « noines de Saint-Nicolas célèbrent le jour de Saint-Martin (?) la messe « dessus la voûte qui est au bout des allées du chœur. »

(*d*) In quibus profecto laboribus interdum etsi fessus videbatur senio, vigore mentis et virtute Spiritus sancti corfortabatur... Ad hoc quippe hi sancti viri tam contiguas atque affines in prædicatione Evangelii sibi elegerant partes quo possent de proximo divinis quam sæpe consolari eloquiis perpetuisque se repræsentare adspectibus... Unde adhuc hodie monumenta monstrantur S. Dionysii, publica quæ ejus ex nomine vocatur via, per quam ut fertur, venire consueverat summus Pontifex ut has sua præsentia illustraret partes sanctumque senem et beatissimum Lucianum suo refoveret aspectu, etc. Vers. de S. Maximin de Trèves.

« Consolarii eloquiis... » Même pensée dans les actes de saint Fuscien que nous avons eu la bonne fortune de rencontrer au Mont-Renaud : « Fuscianus et Victoricus Quintinum Dei famulum cernere cupiebant ut « affatu mutuo de conversa gentilitate gauderent. »

Dom Grenier cite un document de 1164 où il est fait mention de cette « publica via » comme passant à la ferme du Transloy, entre Blincourt et Estrées-Saint-Denys, puis à l'est de l'église d'Estrées-Saint-Denis. De fait des vestiges très-abondants de l'époque romaine indiquent que ce dernier endroit a été une station extrêmement fréquentée et peut-être militaire de la voie qui reliait Lutèce à Bavai par Senlis, Pont-Sainte-Maxence, Roye, etc. Estrées-Saint-Denys était un lieu de rencontre assez naturel pour des missionnaires du Parisis (saint Denys), du Beauvaisis (saint Lucien) et de l'Amiénois (saint Quentin). Si l'on étudie la situation topographique des paroisses du diocèse de Beauvais qui sont sous le vocable de Saint-Denys (il y en a 30), de Saint-Lucien (il y en a 23), et de Saint-Quentin (il y en a 4 seulement), l'on est très porté à croire que saint Lucien multiplia de préférence ses courses apostoliques le long des voies qui reliaient le Beauvaisis à l'Amiénois : Rothois et Elencourt, Fontaine-Saint-Lucien, Muidorge, Maulers, Oursel-Maison, etc.

A	B
7. *Lucien est recherché par les satellites du préfet Julien* : ... Julianus nequissimus... Cæsar... Impius Cæsar præcepit tribus pueris suis fortissimis viris Latino, Jario et Antro *(a)* ut sanctum Dei, ubicumque potuissent, perquirerent Lucianum *(b)*... Egressi ab Urbe... *(c)* Sexto itaque sabbato egressionis eorum... sanctum virum Lucianum VI Idus Januarii populum docentem repererunt...	11. *Seconde persécution sous Domitien...* 12. *Fescennin Sisinnius (d) vient dans les Gaules. Il envoye à la recherche de saint Lucien :* ... Tres atrocissimi viri Latinus scilicet, Jarius et Antor.

(a) Jacinus, Jachinus, Larius, Latrinus, — Andus, Anterus, Antius, Antrus. — Januarius et Auctor. Version de saint Maximin de Trêves.

(b) Domitien, disent les Actes fabuleux de saint Denys « electam « apparitionem cum ingenti strepitu partibus dirigit occidentis ut sanctum « virum Dionysium perquirentes... Veloci cursu, tumentibus animis, vul- « tibus trucidissimis. » — Métrodore répètera avec force longueurs ces détails. — Et la passion de saint Sanctin, qui semble l'œuvre d'Hincmar : « Domitianus... lictores in Gallias misit ut eum diligenter perquirerent « et inventum ac comprehensum aut idolis sacrificare cogerent aut diversis « suppliciis affectum, etc. » L'air de famille n'est point niable.

(c) Quelle est cette ville? Rome ou Trêves?

(d) L'existence de ce Sisinnius de la version B est attachée au Ier siècle par le martyrologe de Florus : « Apud Parisium natale sanctorum martyrum Dionysii episcopi..., qui a pontifice Clemente Romano in Gallias directus a Fescennino, — par le martyrologe romain et par la légende de saint Rieul. — Saint Adon et Usuard laissent le nom de Fescennin, mais remplacent la chronologie rigoureuse « a Clemente » par la formule vague « a Romano pontifice ». — La chronique d'Alexandrie nous apprend (Patrologie grecque, t. XCII, col. 617) qu'il fut élevé par l'empereur Adrien, donc de 117 à 138, à la dignité consulaire. — Par contre, les légendes très authentiques des nobles martyrs d'Aquilée, Cantius, Cantianus et Cantianella, dont l'auteur dit : « Scribimus ut in gestis invenimus « quid egerint, quid locuti fuerint, quid passi sint sancti... » (Mabillon, liturg. gallic. monum. p. 467, Boll., 31 mai), les actes des saintes femmes Agape, Chionie et Irène, lesquels sont tenus pour authentiques par Henschemius (Boll., 3 avril), la passion de saint Chrysole (7 février), etc., etc., introduisent Sisinnius comme un lieutenant de Dioclétien. — NOTA. Les actes recueillis par Baronius (année 304) et préférés par dom Ruinart à ceux d'Henschemius, ne font aucune mention de Sisinnius, mais nomment un Dulcetius.

A

8. *Saint Lucien continue à instruire son peuple :* ... Gratias ago tibi, Domine Jesu Christe redemptor mundi, qui me ad titulum dignitatis tuæ vocare dignatus es et beatissimorum martyrum tuorum Dionysii et Quintini *(a)* consortem efficere... *Il se retire sur le Mont... (b)* Cumque pervenisset ad montem qui vocatur amnis,... qui mons... pulchrum populis super rivum fluminis spectaculum præbet *(c)*.

B

13. *Saint Lucien exhorte les siens à la constance :* ... ... Cum beato Dionysio ejusque sociis in fine consociasti et laboribus coæquasti...

14. *Il se retire sur le Mont-Mille :* ... quoniam et ipse pulchrum super fluvium populis præbet prospectum.

(a) Encore Denys et Quentin dans la version A, Denys seul dans la version B. — « Gratias tibi ago, » dit saint Piat, « Domine Jesu Christe, « redemptor mundi, qui me ad titulum dignitatis tuæ vocare dignatus es « et beatissimorum martyrum tuorum Dionysii, Quintini, Luciani (remarquer « le rapprochement de ces trois noms), Crispini et Crispiniani vel aliorum « qui passi sunt propter nomen tuum, consortem efficere. »

(b) Le Mont de la Rivière est Montmille, — mont de Miles, dit Louvet, — qui est adossé au bois du Parc et descend par une pente très abrupte vers le Thérain. Voir Louvet...

(c) Du côteau charmant qui s'incline du bois dit « Brulé » vers le moulin de Miauroy (de Maalredo), l'on aperçoit par dessus la prairie la colline de Montmille, la vieille église qui la couronne et les restes du prieuré de Saint-Maxien.

A	B
9. *Saint Maxien et saint Julien sont décapités :* ... Coram beatissimi Luciani obtutibus eos puniri jusserunt (a) ... *Interrogatoire de saint Lucien :* ... Tune es ille qui maleficiis tuis seducis populum ut sacratissimis diis non immolent? (b)... *Lucien répond avec intrépidité.*	15. *Mort de Maxien et de Julien.* 16. *Saint Lucien, interrogé, répond généreusement :* ... Tune es ille, inquiunt, qui maleficiis tuis seducis populum ne obediant :...?...
10. *Il expose les mystères de la Trinité et de l'Incarnation* (c).	17. *Il expose le mystère de l'Incarnation.*
11. *Interrogé sur son nom et sa race, il répond:...* A carnalibus parentibus vocatus sum Lucius, sed in regeneratione sacræ undæ baptismatis Lucianus sacro sacerdotis vocatus ore cognoscor... Quod ego loquor neque auribus percipitis neque retinere mente valetis. Excœcavit enim vos infidelitas vestra et principem vestrum Julianum saevissimum, a quo	18. *Interrogé sur son nom et sa race, il répond:...* Siquidem a progenitoribus quidem meis vere Lucius sum vocatus ; in regeneratione vero... Lucianus vocor. Conditionis vero cujus sim, Romanum me esse genere, quod in omni orbe notissimum est nomen, profiteor... Quod ego loquor et confiteor de Christo Domino neque auribus percipitis neque reti-

A	B
directi estis, æterna cœcitas et caligo possidet tenebrarum.	nere mente valetis. Excœcavit enim infidelitas cordis nec non et Cæsarem Augustum una cum senatu a quibus talia detulistis decreta ut nos homines rationabiles sacrificemus daemonibus, etc.

(*a*) « Tunc illico apprehendentes sanctum Dei (Piat) et socios suos coram beati Piatonis obtutibus gladio puniri eos jusserunt... Tunc unus ex militibus evaginato gladio parata jam sancta servico pretiosum caput abscidit. » Act. de S. Piat.

(*b*) *Sic* dans les Actes fabuleux de saint Denys, dans Métrodore, dans saint Méthode, etc.

(*c*) *Sic* encore ibid.

La version A me paraît plus rapprochée en brièveté et simplicité du tour qui devait distinguer la première rédaction des Actes de saint Lucien. Quelques détails : — Rome tenait un passionnal universel qui était comme ses fastes de gloire. — Chaque église particulière avait un passionnal spécial de ses martyrs, lequel probablement relatait avec la brièveté et la simplicité de forme que les temps exigeaient : le lieu de son martyre, le nom du préfet, les points principaux de l'interrogatoire, le genre de supplice et la date consulaire. — Ce passionnal, après avoir subi un remaniement, qui le grossit de formules de convention au profit de la cadence, mais aux dépens de la naïveté, est introduit par la liturgie gallicane sous le nom de *missa* ou *préface*, au cœur même du sacrifice, comme le témoignent saint Avit, saint Grégoire de Tours, saint Ared, saint Césaire (Regulæ, art. 69), etc. — Quand les séquences eurent remplacé par leur concision la lecture, peut-être le chant de la *missa*, on dut remanier ce texte devenu semi-inutile... N'est-ce point la source de beaucoup de légendes du IXe siècle? Voir Martène, Antiquités ecclés., rit. 1, 44. — Mabillon, Liturgie gallic., 1, 5, 7. — Ruinart, Préface de Grégoire de Tours, et *Acta sincera*. — Boll., Préface.

12. *Il est battu de verges et décapité :* ... Imbecillia senectutis membra (*a*) juvenili vigore sustentans... Christum Dei filium et corde credo et ore non cesso laudare. Tunc unus ex militi-	19. *Il est battu de verges et confesse le Christ :* ... Decrepitæ senectutis membra puro vigore animi roborabat... Christum Dei filium et corde credo et ore laudare nunquam cessabo.

A

bus evaginato gladio, parata jam cervice, pretiosum caput abscidit (*b*).

(*a*) Voir sur l'âge de saint Lucien *supra* et Louvet. Hist. et Antiquités du pays de Beauvaisis, liv. I, ch. XI, 1, 5 : « Les vies de saint Rieul rap-« portent que s'estant transporté après la mort de saint Denys en la ville « de Senlis pour la conversion du peuple d'alentour et y ayant demeuré « quelque temps, il fut sollicité par les Chrétiens du Beauvaisis de venir « visiter ou consacrer leur evesque Lucian, que pour cet effect s'estant mis « en chemin au jour assigné, il luy fut rapporté qu'il avoit esté martyrisé « avec ses compagnons par les commissaires de l'Empire. »

(*b*) *Sic* en saint Denys, saint Piat, etc.

B

13. *Il est honoré d'une lumière et d'une invitation célestes :* ... Cumque sancti viri cadaver jaceret exanime, videntibus militibus et vulgi multitudine, lux de cœlo super sanctum corpus emissa est et vox pariter cum luce venit dicens : Euge bone famule Luciane, qui pro me tuum sanguinem fundere non dubitasti in terris (*a*)...

(*a*) Lumière et voix semblablement en saint Denys, saint Piat, etc.

20. *Il est décapité. — Il est invité par une lumière et une voix célestes à la gloire :* ... Cumque sancti viri cadaver jaceret adhuc et palpitaret exanime, videntibus cunctis etiam ipsis mortis ministris, lux de cœlo ingens super corpus sanctum effulsit et vox magna pariter cum luce venit : Euge bone famule Luciane qui pro me sanguinem tuum fundere non dubitasti, veni. Hoc autem die Sabbathi hora tertia factum est. . VI Idus Januarii...

14. *Il porte en ses mains sa tête coupée* (*a*), *à deux milles de là* (*b*) *:* ... Erigens se sancti viri corpus exanime, apprehendensque manu propria sanctum caput abs-

21. *Il porte en ses mains sa tête :* ... Tunc erigens se sancti viri corpus exanime apprehendit manibus propriis sanctum caput abscissum stabili gressu, Spiritus sancti

A	B
cissum, stabili gressu, Domini misericordia suffragante, mirum in modum ac si vivens in corpore iter suum carpere plantis firmissimis cœpit...	gratia cujus fuerant membra corporis et organa, una cum ministerio angelico, ac si vivens in corpore iter plantis firmissimis cœpit...

(a) Sic Saint Denys (les actes de Félibien taisent ce fait), saint Firmin, saint Fuscien, saint Piat, saint Nicaise. — ANT IN LAUDIBUS. Beatus pontifiex Nicasius per momentaneam tristitiam seculi labentis ad aeterna pervenit gaudia vitae permanentis... A. Mox a sacro ejus corpore licet avulso capite, non tamen desiit complere lingua quod mens omni poscebat instantia : Vivifica me, dicens, secundum verbum tuum... Pennis virtutum celestia petiit regna. (Antiphonaire du Mont-Renaud).

Que faut-il penser de ce portement de leur tête que la légende attribue à plus de 80 saints nommés céphalophores? Un sermon du XIIIe siècle dit de saint Firmin, que « Suum abscisso gladio sanctum caput evexit. » (M. Ch. Salmon, vie de saint Firmin, CXXI). Est-ce un fait vrai pour tous? Est-ce un miracle particulier à quelqu'un d'entre eux et généralisé par le désir propre à chaque écrivain d'exalter son héros? Est-ce une interprétation historique du dogme de l'intercession des saints? Est-ce l'influence de quelque représentation matérielle? Voir dom Ruinart. Gregorii opera « Picta martyrum gesta »; Boll., t. VI : vie des saints Valentin et Vénérand; t. LII, saints Denys, Rustique et Eleuthère, § V, n° 79, etc.

« Sicut milites » dit saint Jean Chrysostome, (hom. de SS. Martyribus Juventino et Maximo), « sicut milites vulnera in prœliis sibi inflicta regi « monstrantes fidenter loquuntur, ita et illi in manibus objecta capita « gestantes et in medium offerentes, quæcumque voluerint, a Rege « cœlorum impetrare possunt. »

(b) Jusqu'où saint Lucien porta-t-il sa tête? « Jusques au lieu où est à « présent bâtie l'Eglise de Notre-Dame-du-Thil » dit Louvet. — A l'endroit où fut élevée plus tard l'abbaye de son nom, soutiennent, au contraire, avec plus de raison, ce me semble, l'abbé Deladreue et M. Mathon. Là, un oratoire marqua d'abord la tombe du patron du Beauvaisis; puis un édifice plus vaste succéda grâce aux libéralités de Childebert, de Chilpéric, etc., et au zèle de saint Evruult et de l'évêque Dodon (580). — La route que suivit saint Lucien s'appelait *Rosea, Rosetum, la Rosière, le Rosoy*. Là, au rapport de Louvet, poussaient des roses d'un éclat non pareil.

« Tharæ transposito vado, » dit le manuscrit de S. Maximin de Trèves. A Miauroy, Maalredum. C'est une tradition que la fontaine de Miauroy jaillit au passage de saint Lucien et reçut de lui une vertu merveilleuse. Auprès, une chapelle, aujourd'hui grange, était le centre d'un pèlerinage à la Sainte-Vierge. Voir dans les Mémoires de la Société académ. de l'Oise, t. VI et VII : *Quelques notes sur la royale abbaye de Saint-Lucien*.

A

15. *Il est enseveli par les Chrétiens. Odeur suave dans le lieu de sa sépulture. Conversion de 500 païens, Lucien en avait converti déjà plus de* 30000 *:...* Exceptis parvulis et mulieribus...

B

22. *Il est enseveli par les Chrétiens. Odeur suave s'exhalant de son corps.*

23. *Conversion de* 500 *païens. Lucien durant sa vie en avait converti* 30000. *Basilique à son tombeau.*

24. *Saint Maxien et saint Julien sont transférés : ...* (*a*) Testes Christi trino numero assumpti, fidele consummaverunt propter fidem Trinitatis (*b*) martyrium...

(*a*) Saint Maxien et saint Julien demeurèrent ensevelis à Montmille jusqu'à ce que saint Evroult, abbé de Saint-Fuscien, fut pressé par saint Lucien de réunir à ses restes ceux de ses compagnons. — Encore une addition historique au texte A. Saint Denys l'Aréopagite révélant à Hérold l'endroit où avait été jeté le corps de son disciple Eugène Marcel, le lac de Marchaise, rappelle un fait semblable.

(*b*) *Sic* Actes de Félibien, Actes fabuleux, Métrodore et Méthode, *infra*.

A

16. *Saint Lucien devient illustre par des miracles :...* Ægri veniunt et sanantur, cœci illuminantur, claudi recuperantur, vexati a dæmonio liberantur et fidelium exaudiuntur vota precantium... (*a*).

B

25. *Epilogue aux Beauvaisins. Miracles aux tombeaux des martyrs : ...* Ægroti veniunt et sanantur, cœci illuminantur, claudi curantur, vexati a dæmonibus liberantur, et quod majus est, fidelium exaudiuntur preces, suscipiuntur vota...

(*a*) Idem dans le panégyrique de saint Denys de Michel Syncelle, dans la vie de saint Firmin et dans la légende de saint Menge (5 août). L'auteur de cette légende associe à saint Menge Denys, Euchaire, Savinien, Sinice (Senecius), Sixte (Xestius), et six autres évêques, selon la tradition des 12 missionnaires et clôt ainsi son récit : « Ad cujus beati Mimii « sepulcrum multas virtutes assidue divina pietas dignata est ostendere ubi « recipiunt cœci visum, debiles gressus, surdi auditum, et dæmonia « fugantur, etc. »

§ III. — *Conclusions de ce parallèle.*

I. — Les actes de saint Lucien ont été très diversement appréciés. Tandis qu'ils trouvent un partisan très zélé dans Louvet, dans l'auteur de la *Défense des origines chrétiennes de la Gaule,* etc., ils sont abandonnés aux sévérités de la critiques par Tillemont, par les auteurs de l'*Hist. littér. de la France,* par l'annotateur d'Odon en la Patrologie de Migne « Vitam sane mendosissimam S. Luciani scripsisse creditur « a nonnullis », par l'Oisel, qui me paraît avoir soupçonné le vif de la question, mais englobe le moine anonyme dans la généralité d'une sentence qui ne convient de vrai qu'à Odon. Selon l'Oisel, (*a*) la vie de saint Lucien fut « escripte vray sem« blablement sur la vie de Sainct Denys par Methodius (Me« trodore). C'était au temps d'Anastase et Methodius, qui est « droictement le temps auquel les Grecs firent beaucoup de « fourbes en Occident. » (*b*) « Sur cette opinion, » que saint Denys est l'Aréopagite, « on pourrait bien avoir faict ou « corrigé quelques martyrologes et anciennes vies de nos « saincts. »

II. — Les actes de saint Lucien A et B contiennent des anachronismes qu'il est inutile de rappeler.

42. Saint Pierre à Rome : « Vere Petri... discipulus « fuit. »

91. Saint Clément, d'après la chronologie généralement admise, est élu pape pour être martyrisé au plus tôt vers la fin du règne de Domitien, en 96, au plus tard sous Trajan, vers 100.

92. Vers 92 ou 95, selon un sentiment que je partage, arrivée de saint Saturnin à Toulouse : « Saturninum Tolosam « dirigunt. » — Saint Denys, s'il est l'Aréopagite, avait au moins quatre-vingt-trois ans quand saint Clément l'envoya à 500 lieues d'Athènes évangéliser nos pays.

96. Persécution de Domitien « portio Neronis » dit Tertullien. — Martyre de saint Denys. Suidas, Michel Syncelle, etc., placent cet événement aux débuts du règne de Trajan, 98 à 117; Bède Adon, etc., sous Adrien.

117-138. Sisinnius élevé à la dignité consulaire.

285. Persécution de Dioclétien et Maximien, lequel atteint, après avoir massacré la légion thébaine, Paris, Meaux, Soissons, etc.

286, au plus tôt, martyre de saint Quentin, dont la version A dit : « S. Lucianus... martyri consociatus Quintino cum beato Dionysio. »

286 à 305. Saint Domnin, cubiculaire de Maximien Hercule à Fidentia Juliæ.

303 à 313. Ere des martyrs.

355. Julien César : « Cum Julianus impiissimus Cæsar. » Version A.

551 à 774. Pavie, ville royale : « Regiam Italiæ civitatem. » Version B.

628 à 631. Toulouse, capitale de l'Aquitaine : « Aquitaniæ caput. » Version B.

767. Question du *Filioque* débattue en France au Concile de Gentilly. Saint Lucien prêche « Spiritum sanctum ab utroque « procedentem. » Version A.

III. — Louvet et d'autres ont fait de l'éclectisme, système dangereux, en histoire comme en philosophie, et pris selon leur goût, tantôt dans le moine anonyme, tantôt dans Odon.

IV. — Le chanoine Delettre préfère la version B *Auctore Odone* à la version A du moine anonyme. Celle-là, dit-il, « a « constamment servi de texte aux légendes pour l'office public « de la cathédrale (de Beauvais) sous nos premiers évêques. « Mais cette vie (par le moine) étant plus courte, s'est insen-

« siblement glissée dans les bréviaires manuscrits que chacun « transcrivait sans contrôle pour son usage personnel... De là « elle passa dans le premier bréviaire imprimé en 1482 sous « l'épiscopat de Jean de Bar, etc. » Ce jugement ne renferme-t-il pas plus d'une hypothèse hasardée, outre qu'il est peu respectueux pour la piété et le sens critique des anciens?

V. — Saint Lucien était *prêtre*, dit le moine, était *évêque*, dit Odon. Ce désaccord, qui a soulevé des tempêtes et armé l'une contre l'autre deux écoles également passionnées, n'est-il point plus apparent que réel? Les expressions « presbyterii... officium » du moine anonyme, « presbyterii honore ornatus » de Métrodore, « presbyterii honore perfunctum, » etc., etc., n'excluent nullement la dignité épiscopale. L'ancienne langue ecclésiastique appelait fréquemment les évêques : « Sacerdos, summus sacerdos ». « Idem erat », disent les canons *olim* (Distinct. 95) « presbyter qui et episcopus ». « Erit directionis tuæ », écrit Innocent I (404) à Victrice de Rouen, « per « plebes finitimas et *consacerdotes* tuos, qui in illis regionibus « propriis ecclesiis præsident, regularum hunc librum insi- « nuare. [1] » Zozime use de même formule en 417 : « Sanctæ « memoriæ Trophimus *sacerdos*, etc. [2] » — Les évêques de la province d'Arles rappellent au pape saint Léon : « Notum « est quod prima inter Gallias Arelatensis civitas... S. Tro- « phimum habere meruit *sacerdotem*... Alia loca ab hoc rivo « fidei... meruisse manifestum est *sacerdotes*. [3] » — Saint Cyprien, saint Ambroise, saint Augustin, Grégoire de Tours [4], Fortunat de Poitiers, etc., s'expriment souvent de la même façon. — Un manuscrit syriaque du VIe ou VIIe siècle rapporté du monastère de Scété à Londres, en 1839, renferme

[1] Patrol. lat., t. XX, col. 469-470.
[2] Patrol. lat., t. XX, col. 645.
[3] Patrol. lat., t. CLXXXVIII, 1012-1013.
[4] Hist. franç., lib. I, cap. 43.

ce passage : « Accepit manum *sacerdotalem* apostolorum « Romæ civitas et tota Italia atque Hispania, etc. [1] » — Adon rapporte de saint Mansuet de Tulle que saint Pierre « pontificalis auctoritatis privilegio præmunivit ut prædicationis « divinæ emolumentum *sacerdotalis* officii præcederet sacra- « mentum. »

Si quelque monument pouvait contredire l'affirmation d'Odon, ce serait la légende de Saint-Rieul. Mais de quel droit lui sacrifier un texte précis, la tradition des siècles, les monuments [2] et l'accord unanime des anciens hagiographes?

VI. — *Influences de l'Epoque : Discussion sur le Filioque.* — Le moine anonyme dit que saint Lucien prêchait « Spiritum sanctum ab utroque procedentem ». Cette insistance sur ce point particulier du dogme catholique n'est-il point comme un écho des luttes théologiques que l'Eglise soutenait à cette époque contre l'esprit disputeur des Grecs? C'est en 767, dit dom Cellier, « que les questions de la proces- « sion du Saint-Esprit fut premièrement agitée dans le concile « de Gentilli », le 29 décembre 867 (pour citer un fait plus personnel), qu'Hincmar, archevêque de Reims, chargea Odon de répondre aux Grecs, qui prétendaient que les Latins avaient ajouté des paroles nouvelles au Symbole en disant. « L'Esprit- « Saint procède du Fils [3]. »

VII. *Influences de l'époque : Amour du merveilleux.* — Je conviens avec le chanoine Delettre que « les légendaires « du IXe siècle se plaisaient à répandre du merveilleux dans « leurs récits, » tenaient le miracle pour l'état habituel des

---

1 Patrol. gr., t. XXIV.

2 Le 9 novembre 1668, on lisait l'inscription suivante, en caractères romains, dans la châsse de saint Lucien : « De vestimentis S. Luciani « episcopi, etc. » Mémoires des Antiquaires de Picardie.

3 Voir Flodoard : Hist. de l'Egl. de Reims, lib. III, ch. 17 et 21, Traité d'Odon. — Dom Cellier, p. 563.

choses, ennoblissaient leur héros en leur créant des contacts illustres avec Dieu, la Sainte-Vierge ou les Apôtres, abusaient de la foi naïve des peuples pour mettre en vogue des imaginations plus dévotes que vraisemblables... [1] Et, pour le dire en passant, indiquer le merveilleux comme une note spéciale du IXe siècle, n'est-ce point restituer à Odon, ou au moins à son siècle, les actes de saint Lucien? Si quelque détail des vies de saint Lucien pouvait offenser l'école excessive qui, sous prétexte de gravité, bannit des *Acta sanctorum* le surnaturel, ce serait le : « Erigens se sancti viri corpus « exanime apprehendensque manu propria sanctum caput... », l'odeur délicieuse qui s'échappe de ses reliques, le nombre de conversions qu'opéra le saint, les grâces du pèlerinage... Tout en avouant que j'ai été ému de ne point trouver dans la passion de saint Denys de Félibien le portement de la tête, lequel est rapporté par des sources secondes (*Acta fabulosa,* Métrodore, Méthode, etc), je ne vois rien dans les légendes de saint Lucien qui puisse choquer la raison ou le goût. Du reste, il me paraît importer peu à la foi qu'on voie dans le portement de la tête une façon de symboliser l'intercession des saints, dans l'odeur suave qui s'exhale du tombeau une image sensible de l'odeur surnaturelle de la vertu...

VIII. — *Influences de l'époque : Ressemblance qui existe entre la vie de saint Lucien par Odon et la légende de saint Denys.* — « Les légendaires, pour donner de l'éclat à leur « héros, ont attribué à plusieurs saints le fait d'un seul. Il faut « bien l'avouer, cette liberté avec laquelle ils traitent l'histoire « diminue visiblement la valeur de leurs productions [2]. »

Cette ressemblance a inquiété L'Oisel et les auteurs de

[1] C'était l'époque où les fausses Décrétales, une des grandes mystifications d'alors, vulgarisaient l'idée que tous les évêchés du monde tenaient leur établissement de saint Pierre lui-même ou de saint Clément.

[2] Monseigneur Freppel: S. Irenée, IVe leçon, p. 71.

l'*Histoire littéraire de la France* : « La vie de nostre sainct « Lucian », dit L'Oisel, « est presque semblable et composée « sur celle de saint Denys. » Une chronologie et un tableau parallèle aideront à mettre davantage en lumière ce fait.

VII° siècle (673) ou VIII° siècle. Actes anciens de saint Denys. Ces Actes, attribués longtemps, l'on ignore le motif de cette confusion, à Fortunat de Poitiers, sentent un auteur peu affirmatif qui s'appuie plus sur les traditions orales que sur des monuments écrits, renferment des lieux communs empruntés à des préfaces gallicanes, semblent rattacher d'une façon plus étroite à la mission apostolique Saturnin et Paul, sont exempts d'aréopagitisme et taisent le portement de la tête. Dans ces Actes, rien de saint Lucien.

757 environ. Le *Codex Carolinus* rapporte que le pape Paul I envoya à Pépin « et à son fidèle prêtre Marin les livres « de saint Denys l'Aréopagite » dont le nom très célèbre dans l'histoire de l'antiquité chrétienne devait aisément séduire des âmes ardentes. — Commencement de rapports fréquents et intimes entre l'Orient et la France. — Echange, croient les Bollandistes, de livres où s'affirme déjà la confusion des Denys...

... Les Actes dits *fabuleux* retirent aux Actes de Félibien leur exorde plein de réserve pour le remplacer par des développements épisodiques, introduisent l'aréopagitisme, substituent au nom de Paul celui de Marcel, associent à saint Denys Saturnin, Marcel et Lucien, insistent sur l'*ab utroque* et mêlent le merveilleux à la trame du récit primitif. C'est de ces Actes fabuleux, ce semble, qu'Hilduin dira cinquante ans plus tard dans sa lettre à Louis-le-Débonnaire, avec une pointe d'exagération : « La mission que reçut saint Denys du bien-« heureux Clément... le détail des différents supplices qu'il « endura, le miracle qui suivit sa décollation, quand il porta « dans ses mains sa tête coupée... sont attestés par le livre très « ancien de la passion de saint Denys. »

Vers ce temps, où un hagiographe du Nord de la Gaule chargeait de ses idées personnelles la simplicité de la légende de saint Denys, un moine inconnu du Beauvaisis composa sur saint Lucien un sermon où notre apôtre est associé à saint Quentin et à saint Denys de Paris. Ce « cum beato Dionysio » est-il une interpolation qu'un scribe a faite pour rehausser saint Lucien, ou appartient-il au texte primitif ?

781 environ. Passion de saint Denys [1], connue sous le nom de Métrodore et longtemps attribuée à saint Méthode. Cette passion est un pastiche des *Acta fabulosa* ou d'un type latin qui leur fut commun. En voici quelques preuves : (*a*) « Ce que les écrivains grecs » dit Hilduin, « ont su plus tard de la fin de saint Denys l'Aréopagite, « ils l'ont appris ailleurs. » — (*b*) « Les Actes du martyre « du bienheureux Denys » écrit Hincmar, disciple d'Hilduin à Charles-le-Chauve « sont arrivés à la connaissance des Grecs « par les Romains. » (*c*) L'on verra plus loin la preuve que Métrodore est une traduction maladroite d'un texte latin.

784 à 806. Taraise, patriarche de Constantinople « recher- « che avec sollicitude », dit Hilduin, « s'il est vrai que saint « Denys, évêque d'Athènes, a été envoyé de Rome dans les « Gaules, et là martyrisé. » Ce point d'histoire paraissait donc encore douteux.

810 à 822. Certains critiques attribuent à saint Méthode, apocrisiaire de la cour d'Orient à Rome, une vie de saint Denys dont Anastase, son traducteur, avoue à Charles-le-Chauve (en 876) qu'elle « a fait peu d'emprunts aux sources « nombreuses qui l'avaient précédée ». Méthode n'est qu'une copie de Métrodore étendue oratoirement.

825. Hilduin accompagne à Rome Lothaire, qui comprime des mouvements faits à l'élection d'Eugène II.

« Les envoyés de l'empereur Michel » disent les chroniques

---

[1] Patrol. gr., t. IV, col. 669.

d'Hélinand, etc., de Vincent de Beauvais, « présentèrent à « l'empereur Louis, entr'autres cadeaux, les livres de Denys « l'Aréopagite, sur la Hiérarchie... traduits, sur l'ordre de « Louis lui-même, du grec en latin (par Jean Scot)... Le texte « authentique de ces livres » ajoute Hilduin en 837 « écrits « en grec nous fut remis la veille même de la saint Denys... « à Compiègne. »

829-842. Michel Syncelle, prêtre de Jérusalem, compose en s'aidant des passions de Métrodore, etc., un éloge de saint Denys l'Aréopagite. (Voir Suidas.)

834. Louis-le-Pieux, rendu à la liberté et attribuant ce changement de fortune à la protection de saint Denys, charge l'abbé Hilduin de consacrer par un grand monument hagiographique sa reconnaissance et celle de ses ancêtres Dagobert et Charles-Martel. Louis et Hilduin croyaient déjà à l'aréopagitisme.

835-837. Hilduin, dont Sirmond, Mabillon, les Bollandistes, l'abbé Darras, etc., jugent très diversement le personnage, fait et défend avec aigreur sa compilation indigeste. — *Nota.* Il serait excessif d'attribuer à Hilduin l'invention de l'aréopagitisme.

850-900. Antiphonaire du Mont-Renaud, où Offices de saint Denis, de saint Quentin, etc. Là, aucune trace d'aréopagitisme; saint Lucien apparaît à côté de saint Quentin; les saints Fuscien, Victoric et Gentien sont leurs contemporains. — *Nota.* Louis-le-Débonnaire avait invité Hilduin à recueillir parmi les pièces justificatives l'office de la nuit de saint Denys « cum « integritate sui. » N'aurions-nous pas un similaire de ce document dans l'Antiphonaire du Mont-Renaud?

851. Odon est abbé de Corbie après Paschase Radbert. Ces deux grands hommes avaient embrassé l'aréopagitisme. Mais, tandis que Radbert, nous l'avons déjà constaté, abandonnait seulement à demi les traditions grégoriennes, Odon tranchait au vif, séparait saint Lucien de saint Quentin, et l'attachait

avec saint Denys à la mission clémentine. Je suppose que le politique a déteint sur l'historien.

Que l'on résume sur cinq colonnes parallèles les Actes authentiques, — les Actes fabuleux, — Métrodore, — Méthode — et Odon, et l'on constatera avec une clarté indiscutable ces faits : Les Actes authentiques (dans lesquels rien de saint Lucien) ont un air de vénérable simplicité qui leur mérite grand respect ; les *Acta fabulosa*, Métrodore et Méthode ont une parenté certaine ; Odon a puisé dans ces dernières sources plus d'une de ses inspirations ; et par conséquent l'autorité de ces témoignages, en apparence multiples, se réduit à la valeur d'une affirmation absolument une.

IX. — Auquel des deux récits, du moine anonyme ou d'Odon, convient-il à une critique très prudente d'accorder davantage créance ? L'une et l'autre sont écrites sur la renommée seulement et contiennent des anachronismes, des lieux communs et des imitations serviles qui tendraient à les rendre — oserai-je le dire ? — également discutables. Mais la version du moine anonyme est plus naïve, plus vague, plus primesautière, plus ancienne, tandis que la version d'Odon est née de la précédente ou d'actes primitifs qui lui avaient déjà fourni un fonds, est chargée d'emprunts faits aux Actes fabuleux de saint Denys et de Métrodore, et affecte parfois la forme doctrinale d'une thèse historique plutôt que l'allure d'un narré pieux. Le propre du diocèse de Beauvais semble avoir des préférences pour l'œuvre d'Odon ; mais, par contre, le propre du diocèse de Paris semble suivre les inspirations du moine anonyme : « Lucianus » y est-il dit « una cum sancto « Dionysio et aliis (lesquels ?) a sancto Clemente missus est... « permultos (combien ?) ad Christum adduxit. Ex eis (parmi « les Gaulois) ministros segregavit Maxianum et Julianum « qui... ad presbyterii gradum evecti (prêtres tous les deux) « sunt... A præfecto (anonyme) jussus est perquiri... Ipse pres-« byter (prêtre ou évêque ?)... »

CHAPITRE II

INDICATIONS DES AUTRES VIES DE SAINT LUCIEN ET DE QUELQUES DOCUMENTS QUI LE CONCERNENT

I. — *Chronique de Dexter.* — Je cite pour mémoire les chroniques de Dexter et de Luitprand. « La chronique de Dexter », disent les Bollandistes,...... « de Luitprand... sont suspectes à nous et à beaucoup de savants... » Pour parler de Dexter, voici comment saint Jérôme le dépeint au chapitre 132 de son *livre*, qu'il lui dédia, *des illustres écrivains* de l'Eglise. « Dexter, fils de Pacien (de Barcelone), dont j'ai « parlé plus haut, illustre dans le siècle et adonné à la foi, « composa, me dit-on, une histoire de toutes façons *(omni-« modam)* que je n'ai point encore lue. » — A l'entrée du même livre, le même auteur s'adresse de la sorte à Dexter : « Ce que votre Cicéron, lequel atteignit les hauteurs de l'élo-« quence romaine, n'a pas dédaigné de faire dans son « Brutus, formant un catalogue des orateurs latins, etc. » — Or, concluent avec raison les Bollandistes [1], Flavius Lucius Dexter, savant, adonné à l'étude assidue de Cicéron, formé aux leçons de son père saint Pacien, parent d'Orose, ami du poëte Prudence, n'eût point écrit avec la barbarie que montre la chronique mise sous son nom par le Père Jérôme de la Higuera et François de Bivar.

Pour ce qui est de Luitprand, auquel on attribua longtemps à tort une chronique, Luitprand naquit et fut élevé à Pavie, devint évêque de Crémone, fut envoyé par Bérenger II, marquis d'Eporedia, puis roi de Lombardie, dont il était secrétaire, à Constantin — Porphyrogénète en 948, se retira à Francfort-sur-le-Mein, s'attacha à Othon Ier qui le députa en 963 au Concile de Rome et en 968 à Constantinople pour traiter du

[1] Præfat. Januarii, cap. II, § VI. — Præfat. in vitas, § t. I Februarii, § IV, où saint Pacien, martyr.

mariage du jeune Othon avec Théophanie, composa *Rerum Gestarum ab Europæ imperatoribus et Regibus libri sex*, etc., et mourut d'après Pertz en 972.

Or, que disent ces chroniques? La chronique de Dexter, à l'année 308 : « Reliquiæ S. Luciani Belovacensis episcopi « vicum transferuntur » et la chronique faussement attribuée à Luitprand, à l'année 902 : « S. Luciani pontificis et martyris, « comitis S. Dionysii areopagitæ, ossa Bellovaco ad urbem « Vicensem translata sunt. » Quelle est l'explication de cette énigme? « On lit » dit l'abbé Maillard « dans les constitutions « synodales de Wiels, en Catalogne, que sous l'administration « de saint Juste, en 320, des reliques de saint Lucien furent « demandées à Beauvais et envoyées aussitôt à ce saint « évêque. » — Ruinart rapporte d'après Salazar, Ferrarius, Galesinus, etc., que Vich (Vicus) possédait les corps des saints Lucien et Marcien martyrisés en Afrique sous Dèce et fêtés le 26 octobre [1]. — J'avoue que désespérant d'éclairer cette question, je me console en méditant ce jugement des Bollandistes : « Il est impossible d'accorder sa créance à l'une « et à l'autre de ces chroniques; serait-il défendu de les « rejeter dans le même discrédit? »

II. — Le diplôme, que Chilpéric I (561-584) accorda à la demande de l'abbé Dodon et de saint Evroult pour la construction d'un monastère près de l'église de Saint-Lucien, rapporte qu'il avait été construit de temps immémorial auprès des murs de Beauvais une église en l'honneur de saint Pierre et du saint martyr Lucien « quamdam ecclesiam quæ ab antiquitus in « honore B. Petri apostolorum principis et S. Luciani martyris « prope muros Belloacæ urbis fuerat constructa; » — que « saint Maxien était encore caché à Mont-Mille » : « S. Lucia- « nus dicto Ebrulpho abbati per visionem apparuit et ut sanc-

[1] C'est le 26 octobre aussi que saint Lucien de Nicomédie a été martyrisé.

« tum Maxianum qui adhuc in Monte Milio latebat... de « abdito levaret, etc.[1]. »

III. — Saint Ouen, dans la vie de saint Eloi, rapporte que saint Eloi — c'était en 634-635 — mit dans une châsse qu'il avait fabriquée lui-même et que L'Oisel signale dans le trésor de la cathédrale de Beauvais, les corps des saints Lucien, Maxien et Julien : « Lucianum... collegam quondam sancti « Quintini. » Inutile de faire ressortir l'importance de cette « expression qu'Hélinand, Heméré, etc., reproduiront.

IV. — L'Antiphonaire du Mont-Renaud (850-900) que j'ai eu la bonne fortune de signaler aux curieux dans un essai dont la *Revue des Sociétés savantes* a daigné approuver toutes les conclusions, l'Antiphonaire du Mont-Renaud renferme des litanies carolingiennes où les noms de saint Lucien et de saint Quentin sont juxtaposés, un office de saint Denys où rien de saint Lucien, et un office de saint Quentin où la critique hagiographique rencontre ces expressions dignes d'être citées : « Sanctus Quintinus cum beato Luciano, etc. »

V. — On lit, dit l'abbé Jehan de saint Clavien, dans un très vieux codex, *in pervetere codice,* des chroniques d'Eusèbe, ce qui suit : « Anno Christi LXXXIX, VIII Domitiani. — Hoc tem- « pore ad collocandum in Galliis novæ fidei fundamentum pie- « tas superna magnificos atque industrios viros destinavit, Pa- « risiensibus videlicet Dionysium, Silvanectensibus Regulum, « Rhotomagensibus Nicasium, Ebroicensibus Taurinum, « Arelatensibus Trophimum, Narbonæ Paulum, Tolosæ Satur-

---

1. Le ms. 12632, fonds latin nouveau de la Bibliothèque nationale, p. 109 contient : « Ex ordinario S. Luciani. Ebrulfus Bellovaci ex gente Franco- « rum genitus insigni potentiæ et sanctimoniæ gloria sub Chilperico rege « resplenduit... Beatus Lucianus ei per visionem apparuit et ut Maxianum « martyris socium adhuc in Montemilio inglorie latentem de abdito sub- « levaret, etc. »

« ninum, Arvernis Astremonium, Lemovicis Martialem, « Turonicis Gratianum, Cenomanicis Julianum, *Belvacensibus* « *Lucianum*, Ambianensibus Firminum, Lugdunensibus « Photinum ». — Note relative à ce texte mise au bas de la page citée : « Hæc et alia deinceps pauca, quæ inclinatis « scripsi litteris, legebam in pervetere chronici Eusebiani « codice in Gallia scripto. » Cette note est, pense l'abbé Jehan de Saint-Clavien, du cardinal Maï. Ce vieux codex paraît appartenir au Xe ou XIe siècle

VI. — « En ce temps-là (1009), » dit Sigebert « la ville de « Beauvais étant privée de son évêque, Gui, doyen et custode « de l'église de Saint-Quentin-en-Vermandois et archidiacre « de Laon, est établi évêque de Beauvais et consacré par Ger- « vais, métropolitain de Rheims. Gui, supportant difficilement « d'être privé de la présence du martyr Quentin, édifia en son « honneur et mémoire une église non loin des murs de la « ville... Après deux ans, il la dédia en l'honneur de son « avocat, le martyr Quentin, le 4 des nones d'octobre. » Fête magnifique [1] où Gui d'Amiens, Ratbode de Noyon, Gauthier de Meaux, Hugues de Troyes, Eudes de Senlis, Manassès, archevêque désigné de Rheims. « Là donc, les corps des saints « compagnons Quentin et Lucien se rencontrèrent. » « Hic « ergo sanctorum sociorum Quintini et Luciani corpora sibi « obviam facta sunt. »

VII. — Pierre de Montboissier ou le Vénérable, abbé de Cluni (1092-1152), range saint Lucien parmi les apôtres de la France à côté des saints Martial, Denis, Martin, etc., [2].

VIII. — La confraternité de saint Lucien et de saint

---

[1] « Fut si grande solennité » dit Jaulnay, « que depuis celle qui avait été « faite par le pape Léon de l'église Saint-Remy de Reims, il ne s'en estoit « veue de longtemps une si célèbre. »

[2] Tract. contra Petrobrusianos.

Quentin est de nouveau indiquée dans la relation qu'un moine anonyme du monastère de Saint-Eloi nous a laissée de la découverte en 1183 des corps de saint Eloi et plusieurs autres bienheureux. C'était sous l'abbé Renaud, la veille de l'Ascension : « Une multitude de souffrants » je traduis « se pres« sant, selon l'habitude, des pays d'alentour au patronage du « bienheureux Eloi, beaucoup d'entr'eux souvent et fort « suppliaient qu'on leur montrât du saint quelque relique plus « digne que de coutume... Or on trouva en cet endroit l'aumô« nière que le bienheureux Eloi portait continuellement sus« pendue à l'épaule... Dans cette aumônière demeurent « encore ces quelques mots que l'on peut très aisément lire : « Du Vermandois. Du Beauvaisin. » L'anonyme applique ces vestiges aux ossements de saint Quentin et de saint Lucien, et ajoute : « L'abbé mit de côté pour lui deux longs clous que « les bourreaux avaient enfoncés dans le corps des deux « saints, et nous les laissa en héritage avec l'aumônière [1]. »

IX. — Saint Hélinand composa entr'autres une chronique que Vincent de Beauvais a noyée dans son *Speculum*. « Cet « ouvrage » dit Vincent de Beauvais « est dispersé au point « qu'on ne peut nulle part le retrouver en son entier. Il est « rapporté qu'Hélinand en confia à l'un de ses intimes, « l'évêque (de Senlis) Guérin, de bonne mémoire, quelques « cahiers, et qu'ainsi son travail fut totalement perdu, soit par « oubli, soit par négligence, soit autrement. J'ai inséré çà et « là dans mon *Speculum* tout ce que j'ai pu en retrouver... »

---

[1] « Reperta est enim ibidem illa sanctissima B. Eligii pera quæ, dum « adviveret, humero ejus indesinenter suspensa quocumque gradiebatur « nunquam ab ejus latere recedebat... In eadem pera paucula hæc verba « diebus illis scripta permanent adhuc ad legendum aptissima : De Vero« mandensi. De Belvacensi. Schedulas illas S. Quintini Veromandensis et « S. Luciani Bellovacensis ossibus aptat anonymus subditque hæc verba : « Duos clavos non modicos a tortoribus tempore martyrii sui corporibus « *eorum* infixos pro benedictione sibi segregavit et cum sæpe dicta pera velut « in hæreditatem nobis dereliquit. »

Cette chronique, dont Vincent de Beauvais déplore la perte, n'est point complétement perdue ; nous en possédons — du folio 79 au 84 — une partie qui comprend les années 635 à 1202. Or, à l'endroit de saint Eloi, voici comment s'exprime le saint moine de Froidmont : « Dans le municipe aussi de Beauvais « (Eloi) fit la translation du bienheureux martyr saint Lucien, « collègue autrefois de saint Quentin. »

Le témoignage d'Hélinand — il importe de le signaler — n'est point, surtout quand il s'agit de saint Lucien, un témoignage vulgaire. C'est en Beauvaisis, à Pronleroy, qu'Hélinand naquit vers 1200 d'une noble famille flamande ; c'est en Beauvaisis, à l'abbaye cistercienne de Froidmont, que le Jongleur de Louis VII et de Philippe-Auguste expie les dissipations d'une vie de courtisan ; c'est en Beauvaisis, ou tout proche, à Senlis, à Noyon, qu'il eut ses plus intimes amis, Philippe de Dreux, le chancelier Guérin, etc.; c'est en Beauvaisis, tout le fait croire, que ce saint, une des lumières de son siècle, composa ses nombreux ouvrages de morale politique, de philosophie, d'histoire, etc. Serait-il d'une critique exagérée d'affirmer que l'amour du clocher, le souci de la vérité, la préoccupation légitime de respecter les idées ambiantes, la rencontre du clergé Beauvaisin et des moines de Saint-Lucien, le voisinage même des lieux dont il célèbre les gloires lui faisaient comme autant de nécessités spéciales de méditer ses mots, d'écrire avec poids et de réfléchir avant de nous laisser cette affirmation : « Saint Lucien, collègue de saint Quentin? »

X. — Vincent de Beauvais — lequel naquit, selon l'opinion commune, en Bourgogne, fut sous-prieur des Jacobins de Beauvais en 1236, ce qui lui valut le nom de Vincent de Beauvais, et eut l'honneur d'être le précepteur des enfants de saint Louis, — composa (1244-1256) une vaste compilation intitulée « *Miroir universel* » qui contient quatre parties : le miroir naturel, le miroir doctrinal ou scientifique, le miroir moral (authenticité douteuse) et le miroir historial. Or, dans ce miroir historial, pour lequel il fit de nombreux emprunts aux chroniques d'Hélinand, voici ce que nous rencontrons de plus saillant sur saint Lucien. (Liv. x, ch. 25) : « De S. Luciano. « Ex gestis ejus. Sanctus quoque Lucianus, beati Petri disci- « pulus, beato Dionysio, a beato Clemente, socius et coadjutor « traditus.., presbyteri sumpsit officium, etc., etc. — Tem- « pora Domitiani et Nervæ... Hujus (Dionysii) quoque socii « fuerunt S. Ionius, Caraunus Carnotensis, Regulus Sylva- « nectensis, Lucianus Belvacensis, etc. » — Ailleurs, Vincent se contredit en racontant la découverte du corps de saint Quentin (liv. xxiii, ch. 85 à 88), et la dédicace de Saint-Quentin (liv. xxv, ch. 42,) avec les expressions : « Lucianum « quondam collegam S. Quintini ». Je n'insiste pas. « Auprès « des critiques graves et sévères », dit Melchior Cano, « Vin- « cent de Beauvais et Antonin de Florence, qui l'a copié, « manquent d'autorité. »

XI. — Pierre Calo de Venise [1], qui écrivit vers 1300 deux grands volumes de vies de saints, lesquels sont gardés dans la Bibliothèque de Bologne, dit, au rapport de Louvet, que saint Lucien avait été disciple de saint Pierre, — « que saint Denis « l'Aréopagite fut envoyé ès Gaules par saint Clément, comme « pareillement saint Saturnin et saint Marcel évesques et le « prestre Lucian, — que saint Denis... envoya saint Marcel « en Espagne, saint Saturnin en Guienne et saint Lucian en « Beauvaisis, etc. »

XII. — Les hagiographes qui voudront connaître sur saint Lucien le sentiment des écrivains moins reculés, pourront lire :

Saint Antonin, archevêque de Florence (1459), qui copia sans critique le miroir de Vincent de Beauvais;

---

1 Boll., t. I, préf. § IV.

Papire Masson, qui affirme qu'il existe une vie de saint Lucien en grec. — Ne prend-il pas pour une vie la mention que font de saint Lucien certains actes de saint Denys?

Les bréviaires anciens de Beauvais, dont le savant abbé Millière, archidiacre de Noyon, possède une collection très unique;

Pierre Louvet (1614-1631), qui résume les deux opinions sur saint Lucien, manque souvent de critique, attache saint Quentin à la mission clémentine, etc.;

Antoine L'Oisel (1617), qui semble incliner vers la distinction des deux saints Denys;

Simon (supplément à l'*Histoire du Beauvaisis)*;

Dom Grenier;

Dom Porcheron (*Histoire de l'abbaye royale de Saint-Lucien*, Bibliothèque nationale, fonds Saint-Germain, n° 1871);

Le chanoine Delettre;

« Vignoli, bibliothécaire du Vatican, qui, dans son com-
« mentaire sur l'endroit du *Liber pontificalis*, où il est écrit
« de saint Clément que ce bienheureux pape envoya des
« évêques en diverses provinces, ne craint pas d'expliquer
« ceci de saint Taurin, évêque d'Evreux, de *saint Lucien*
« de Beauvais, de saint Denys de Paris. » (*Journal de Trévoux*, janvier 1725, p. 98);

L'abbé Maillard (*Légende de saint Lucien*, 1852), que ma reconnaissance d'élève et de doux souvenirs d'enfance suffiraient à me remettre en mémoire;

Les offices propres du diocèse de Beauvais (1855);

La *Défense des origines chrétiennes de la Gaule*, ouvrage savant, mais excessif;

L'abbé Sabatier, qui (*Histoire des saints du diocèse de*

Beauvais) s'est hâté de satisfaire aux exigences de la piété plus que ne le permettent les difficultés de la chronologie, de l'histoire, etc.;

L'abbé Deladreue et M. Mathon, qui ont publié en collaboration dans les Mémoires de la Société académique de l'Oise, une *Histoire de l'abbaye royale de Saint-Lucien,* qui témoigne une étude très consciencieuse des sources;

M. Franz de Champagny qui place au IIIe siècle la mission de saint Lucien;

L'abbé Chevalier, de Tours, qui s'exprime ainsi d'une façon peut-être trop affirmative : « La Gaule a conservé pendant « longtemps ce caractère des pays de missions où l'action reli- « gieuse est confiée moins à des pasteurs sédentaires qu'à des « prédicateurs errants sur toute la surface d'un vaste terri- « toire. Nous pourrions en indiquer ici de nombreuses preuves; « nous nous contenterons de citer, d'après les martyrologes, « saint Lucien prêtre, qui, parti de la ville de Rome, vint à « Beauvais, y convertit par ses prédications un peuple nom- « breux, et fut martyrisé sous l'empereur *Julien;* saint « Quentin, illustre apôtre du Vermandois, sous Maximien « (286-305); saint Firmin...; saint Victoric et saint Fuscien »;

M. Charles Salmon (*Vie de saint Firmin),* qui envoie saint Lucien sous Domitien, etc., etc.

CHAPITRE III

DES ACTES DE SAINT DENYS DANS LESQUELS IL EST FAIT MENTION DE SAINT LUCIEN

I. — Les actes de du Bosquet et de dom Félibien *supra,* lesquels me paraissent plus judicieusement composés, car ils distinguent nettement la mission clémentine de la mission apostolique, évitent de fixer la chronologie autrement que par le nom peut-être *interpolé*[1] de saint Clément, continuent de passer sous silence le portement de la tête[2] etc. — Les actes *supra* ne donnent point à saint Denys d'autres compagnons que Rustique et Eleuthère.

II. — Les actes les plus anciens de saint Denys, qui introduisent saint Lucien, sont les actes dits *fabuleux*. Quel parti doit prendre devant eux une critique grave?

(*a*) Ou bien les noms de saint Clément et de Domitien sont dans cet instrument hagiographique et les *martyrion*, dont il fut l'inspirateur, une interpolation que la vogue de l'aréopagitisme devait nécessairement conseiller; saint Denys de Paris est venu au IIIe siècle seulement évangéliser les rives de la Seine; et saint Lucien peut ou doit être laissé avec Piat, Quentin, etc., au rang de ses compagnons. *Sic* le chanoine Delettre, l'abbé Eug. Bernard, etc.

(*b*) Ou bien saint Denys de Paris est vraiment le converti de l'aréopage; la formule « a beato Clemente » indique l'époque exacte de la mission de saint Lucien; et l'apôtre du Beauvaisis doit être retiré de cette dualité que toutes les légendes sont unanimes à nous offrir : « Lucianus et Quintinus. » *Sic* les abbés Corblet, Sabatier, etc.

(*c*) Ou bien saint Denys de Paris, qu'il soit ou non l'aréopagite, est venu sous saint Clément; une mode de relever les origines particulières des Eglises gauloises par une rencontre plus ou moins accidentelle de leurs fondateurs avec le patron de la France, a introduit saint Lucien dans les actes de saint Denys, comme peut-être la légende beauvaisine avait déjà rehaussé saint Lucien par le contact de saint Denys; et la

---

[1] Si la version de dom Félibien porte : ... Igitur sanctus Dionysius qui tradente sancto Clemente... verbi divini semina gentibus eroganda susceperat..., Bosquet a lu ailleurs : ... Sanctus igitur Dionysius qui, ut ferunt, a successoribus apostolorum, etc.

[2] Nicéphore, parlant de ce portement de la tête, dira : « Ut ferunt. »

confraternité de saint Lucien, du vrai saint Lucien et de saint Quentin, doit être absolument respectée. C'est un accommodement, s'il était permis de s'exprimer de la sorte, vers lequel j'inclinerais volontiers.

Quoiqu'il en soit de la date de l'évangélisation de Lutèce par saint Denys et de la *guerre aréopagitique,* je ne trouve pas l'autorité des actes fabuleux de saint Denys ni de l'œuvre d'Odon assez considérable pour mettre en balance l'accord de toutes les vies de saint Quentin et le concert de nombreux monuments hagiographiques qui rapprochent ces deux noms : Lucien, Quentin.

Deux faits, sur lesquels je ne me lasserai point de ramener l'attention, confirment ces conclusions et insinuent que le nom de saint Denys est dans les actes de saint Lucien une addition de seconde époque, comme le nom de saint Lucien dans les actes de saint Denys. Les voici :

(*a*) Le moine anonyme, lequel est antérieur à Odon, avait subi, peut-être sans en soupçonner les conséquences, cette vogue de saint Denys qui préparait déjà les esprits des Francs à accueillir sur leur patron tout ce qui pourrait rehausser sa gloire. De là, les actes primitifs de saint Lucien grossis par des emprunts faits à la légende de saint Denys, une application à notre apôtre de ce que les actes fabuleux disent du martyr de Montmartre « qu'il porta sa tête en ses mains » et surtout un envieillissement de saint Lucien et de saint Quentin : « Beatissimus vir sanctus Lucianus sanctissimo consociatus Quintino... *cum Beato Dionysio*... Gallias adierunt. »

(*b*) Odon, et autres poussant jusqu'à l'aréopagitisme leur zèle de saint Denys, se croiront obligés, pour être conséquents dans leur chronologie, d'éliminer saint Quentin de la société de saint Lucien.

III. — *Métrodore.* Les actes dits de Métrodore ne constituent point une autorité nouvelle en faveur de la société de saint Denys et de saint Lucien. Que Métrodore ait copié les

Actes fabuleux ou bien que les Actes fabuleux et Métrodore se soient inspirés tous d'eux d'un thême primitif *commun*, il est certain que Métrodore n'est qu'un traducteur maladroit d'un texte *latin*. Il se contente, sans déplacer l'ordre du récit des Actes fabuleux, de gloser sur les faits avec une certaine recherche de l'effet; il répéte, avec un respect de copiste peu judicieux, des détails qui cessent d'être vrais chez les Grecs : « quæ a *longis temporibus* audivimus... » il ajoute même quelques contre-sens : le passage latin : « Catulla... licet paganorum adhuc erroribus teneretur addicta... » lui a fourni, par le changement du *c* d'*adhuc* en *t* et la substitution de *terroribus* à *erroribus*, le grec *phobois*, etc.

IV. *Saint Méthode* [1], patriarche de Constantinople, nous a laissé, s'il faut en croire Hincmar [2], une vie de saint Denys « que le savant Anastase » le Bibliothécaire « a traduite en latin » et dans laquelle on lit que saint Denys « a envoyé saint Lucien *in Beblecanensem insulam*. » Quel jugement faut-il porter sur ce martyrion que le nom et la science de son auteur semblent protéger?

Une lecture rapide du texte de saint Méthode démontre surabondamment que l'illustre patriarche de Constantinople, s'il est vraiment l'auteur de ce panégyrique, connaissait Métrodore et ne fait avec lui qu'une autorité. Sans doute il a

---

[1] Saint Méthode (14 juin) naquit à Syracuse; entra au monastère de Chénolaque; porta à Rome, après 811, les lettres synodiques que le patriarche Nicéphore (806-) n'avait pu jusqu'alors envoyer; demeura dans la ville éternelle, où il était apocrisiaire, tout le temps de la persécution de Léon l'Arménien (810-822); se fit grandement remarquer par son érudition, sa piété, son zèle héroïque pour la pureté de la foi catholique; lutta de la parole et de la plume pour le culte des images sous les empereurs iconoclastes Léon l'Arménien, Michel le Bègue et Théophile; fut élu patriarche de Constantinople, à la place du sacrilége Jean, en 842; mourut le 14 juin 847; fut enseveli à côté des empereurs grecs dans la basilique des saints Apôtres de Constantinople; a composé un discours sur sainte Agathe (5 février), etc., etc.

[2] Hist. de Rheims, liv. III, ch. 18.

multiplié, pour embellir son récit, toutes les ressources de la rhétorique, ainsi que le constate Psellus dans son Eloge de Siméon Métaphraste : « Methodii non simplex est narratio « sed omnibus rhetorum pigmentis artificiose ornata » ; il note la divergence de date qui existe entre les sources latines et probablement Métrodore : « Quæ nobis in manibus beati « hujus Dionysii Passio pro eo ut diceret XIII°, in XIV° cer- « tamen apostolorum describit, etc.; » il remplace le Saturnin de Métrodore par l'*Antonin* dont Hincmar raconte que saint Denys chargea Antonin, avec saint Sanctin, de rapporter à Rome et ainsi aux Athéniens les détails de son martyre; il suit à demi le procédé de composition qu'Anastase a caractérisé dans sa lettre à Charles-le-Chauve : « *Pauca* de mul- « tis præcedentibus scriptis excerpens... » Mais sous cette forme plus exubérante, dont le goût français aurait du mal à s'accommoder, Méthode comme les Actes fabuleux, demeure avec son autorité au moins médiocre.

Saint Méthode a-t-il subi, comme plusieurs le pensent, les influences d'Hilduin et est-il l'importateur à Rome (810-822) de l'unité des deux Denys? La chronologie soutient mal ces insinuations. Je crois plutôt que sa curiosité pieuse, déjà excitée sur cette grande question d'hagiographie par ce qu'il savait de Métrodore, de saint Taraise, etc., et disposée naturellement à rehausser saint Denys, comme à sceller l'intimité de l'Orient avec la Gaule, par une communauté si parfaite de liturgie, lui conseilla de consacrer les loisirs forcés de son exil à Rome à éclairer cette thèse. Peut-être c'est la rencontre de quelque manuscrit des Actes *fabuleux* qui lui a inspiré ce cri d'enthousiasme : « Dionysii finis illuxit... » Quoiqu'il en soit de l'authenticité du panégyrique de saint Méthode et de ses opinions sur saint Denys, il n'est, quand il s'agit de saint Lucien, qu'un écho peu conscient, vu les distances, des affirmations des Actes fabuleux, de Métrodore, etc.; une critique judicieuse doit beaucoup rabattre de l'autorité de cette phrase : « Lucianum sanctissimum... misit, » et l'hagiographie refuse une valeur quelconque à ce cliché barbare que l'ignorance complète des lieux et la pensée de Paris lui ont inspiré : « In Beblecanensem insulam. »

V. — *Michel Syncelle.* L'auteur de la Défense des Origines chrétiennes de la Gaule nous objecte le nom de Michel que les uns appellent Michel Syngèle, prêtre de Jérusalem, les autres Michel Syngèle, patriarche de Jérusalem (Louvet), les autres Michel, Syncelle du patriarche de Constantinople Thomas, lequel aurait composé sous le règne de l'empereur iconoclaste Théophile (829-842) un panégyrique de saint Denys [1]. Mais que prouve ce document, dont la longueur et le mauvais goût réussissent tôt à fatiguer? Je crois inutile de l'analyser.

Pour ce qui est de la question toute spéciale qui nous occupe, son autorité est tout à fait nulle. Le texte que Louvet [2] attribue à Michel Syncelle, par une confusion de noms qui a pu induire plusieurs en erreur, est de saint Méthode. Michel Syncelle garde sur saint Lucien un *silence absolu.* Pourquoi saint Denys apparaît-il ici sans autres satellites que Rustique et Eleuthère? Je ne prétends point transformer cette absence de saint Saturnin ou Antonin et de saint Lucien en une preuve négative et conclure que Michel Syncelle niait la société de ces saints; mais du moins qu'on ne dise pas : « Saint Lucien appartient non moins clairement à « la mission placée par saint Clément sous la conduite de « saint Denys... Cette opinion est donnée pour certaine et « historique... par Michel Syncelle [3]. »

VI. — *L'Antiphonaire du Mont-Renaud* (850-900) con-

---

[1] Migne, Patrologie grecque, t. IV, col. 617 et suiv.

[2] P. 137.

[3] Défense des Origines chrétiennes de la Gaule, etc. — Suidas dit que saint Denys est mort sous Trajan, que « Michel Syngèle de Jérusalem a « écrit un panégyrique du grand Denys. »

tient des antiennes dont la juxtaposition forme comme une vie de saint Denys. Le nom de saint Lucien, il importe de le remarquer, n'y est point accolé à celui de saint Denys. Par contre, saint Lucien et saint Quentin y sont unis dans une mission fraternelle.

VII. — *Siméon Métaphraste* [1], surnommé Logothète (chancelier), composa dans un style « brillant, grave, orné, » ou recueillit des vies de Saints sous Constantin Porphyrogénète, selon les Bollandistes. Dans ses actes de saint Denys l'Aréopagite, Métaphraste, après avoir rapporté l'exorde habituel : « ... Postquam nostræ salutis magnum peractum fuit sacramentum, » la conversion de saint Denys, disciple de Hiérothée, sa présence aux obsèques de la mère de Dieu, son voyage à Rome, ajoute : « Accedit quidem ad Clementem « qui a magno Petro fuerat edoctus et cui ab illo fuerat cre- « dita sedes .. Ipse eum adhortatur ut transeat ad partes « occidentales. Cum ex eis ergo qui eum sequebantur minis- « tris per vicos et civitates alios alibi distribuisset... ipseque « Rusticum et Eleutherium... accepisset adjutores... et ad « Gallos venisset occidentales... fungebatur munere aposto- « latus... Cum sic ergo veritatis verbum prædicaretur, *eorum* « *cum eo quemdam conversantium, Lucianum inquam* « *inclytum qui etiam presbyteri dignitate erat honoratus* « (adhærebant enim ei multi ex iis qui virtutem amplecte- « bantur; simili, aiunt, simile) *ad civitatem Belovacensis* « *insulæ misit prædicaturum pietatem.* Ipse vero simul « cum Rustico et Eleutherio Gallia Cisalpina relicta cum hoc « responsum habuisset ab Angelo, venit in civitatem quæ « dicitur Parisii, [2] » etc.

Peut-on attacher une importance sérieuse à ce texte de

---

[1] Né à Constantinople en 867, mourut en 957; en 960 d'après les Bollandistes ; en 975 selon Darras.

[2] J'ai suivi *à peu près* la traduction que la patrologie grecque a insérée d'après un anonyme.

Métaphraste? Certes il ne m'appartient pas de trancher entre les jugements divers qui ont été portés sur l'autorité historique de ce grand homme. L'abbé Darras me semble l'exagérer lorsque, racontant comment, au Concile de Florence (1438-1439), André de Colosse, évêque de Rhodes, cita les actes de saint Denys d'après ce compilateur, il voit là une sorte de consécration de ce document. Ce n'était point pour démontrer la mission clémentine, l'aréopagitisme ou la société de tels et tels Saints qu'André produisait Siméon Métaphraste ; c'était pour opposer aux Grecs, sur la question du *Filioque*, le témoignage d'un de leurs plus célèbres hagiographes : « Et primum legatur ille qui a vobis quotidie legitur in Eccle« siis, Simeon inquam Metaphrastes... Ex hujus sancti sen« tentia, præstantissimi Patres, apparet Spiritum ex Filioque « procedere quemadmodum Romana Ecclesia profitetur verum « esse. » Bellarmin traite sa collection avec sévérité [1] : « Il « faut observer », dit-il, « que Métaphraste, dans sa vie des « Saints, ajoute beaucoup de son fonds, raconte les faits, non « comme ils se sont passés, mais comme ils ont pu se passer, « multiplie les dialogues des martyrs avec leurs persécuteurs, « énumère parfois des conversions de païens présents en si « grand nombre qu'elles semblent incroyables, » etc. Les Bollandistes voudraient moins de sévérité : *Vellem mitius de viro magno vir maximus pronuntiasset :* « Qui prouve, « disent-ils, que Métaphraste n'a pas suivi les vieux monu« ments?... Que les dialogues qu'il rapporte sont de pure « invention [2] ?... »

Quoi qu'il en soit, j'avoue être peu ému de ce que Métaphraste rapporte de saint Lucien, pour les raisons que voici :

(*a*) Les actes de saint Denys de Métaphraste ne sont qu'une copie sans critique de Métrodore, de saint Méthode dont il a

---

[1] « L'on reproche à cet érudit d'avoir ajouté de son imagination à « quelques-uns des Actes des Saints qu'il recueillit. » D. Ruinart.

[2] Boll., t. I, ch. I, § III.

mal rapporté le : Saint Lucien, honoré de l'*honneur sacerdotal,* fut envoyé dans « *l'île de Beauvais,* » de Michel Syncelle qu'il rencontre dans cette pensée : Saint Denys eut avec lui Rustique et Eleuthère, comme Paul avait eu Silvain et Timothée, etc.

(*b*) Ces actes sentent le désordre d'une œuvre faite, à la hâte et sans révision dernière, de morceaux pris de partout.

VIII. — Nicéphore, les Ménées des Grecs, etc., ne font aucune mention de saint Lucien.

IX. — Je ne crois pas nécessaire d'insister sur un ensemble de coïncidences que j'ai déjà indiqué : la critique pourrait en tirer plus d'une déduction. On trouve dans la compilation de Siméon Métaphraste, dans Bède, dans Florus, etc., le nom et les actes d'un Lucien très célèbre qui perdit tôt ses parents, « vécut en sa première enfance avec un Macarius à Edesse, « interpréta les livres saints », est dit prêtre, étonna par une mortification de nourriture extraordinaire, mourut martyr avec saint Basilisque à Nicomédie en 311-312 sous Maximin Daïa, fut enseveli à Hélénopolis ou Drépane de Bithynie et était fêté par les Grecs le 7 janvier (aujourd'hui le 15 octobre) [1]. Saint Jérôme qui le loue dans son livre des Hommes illustres, rapporte qu'il avait fait des exemplaires de l'Ecriture sainte dits *Lucianea* et réfuté les erreurs des Sabelliens avec une ardeur qui peut-être le jeta dans une distinction excessive des personnes, « ce qui était arrivé, » disent les Bollandistes, « à saint Denys d'Alexandrie dans son attaque contre Sabellius lui-même (XVII nov.) » André Saussaie dans le martyrologe Gallican affirme que Charlemagne apporta d'Orient à *Arles* des reliques de saint Lucien, prêtre martyr d'Antioche

---

[1] Sainte Hélène visite son tombeau et fait bâtir un temple en son honneur. Saint Jean Chrysostôme le loue dans son Homélie 46e. — Voir dom Ruinart, Gregorii opera, p. 562.

« ædificataque in ejus honorem ecclesia illic honorifice recondidit per Turpinum archiepiscopum Remensem : qua ex re Arelati festiva hodie tanti martyris ex avito more colitur memoria [1].

Bref que conclure de ce chapitre? Une influence grecque aurait-elle mêlé son courant aux traditions primitives de l'église de Beauvais pour compléter sous la plume du moine anonyme et d'Odon la légende de saint Lucien?... « De Dionysio et Luciano, » dirons-nous avec les Bollandistes, « illud unicum nunc statuimus, non liquere. »

CHAPITRE IV

MARTYROLOGES

I. — « Il existait autrefois, » écrivait saint Grégoire le Grand à Euloge, évêque d'Alexandrie (liv. VII, ép. 29), outre les actes des martyrs que les notaires ecclésiastiques, les diacres et les papes avaient recueillis, revus et approuvés pendant des siècles, « un martyrologe général, lequel avait extrait « de ces documents authentiques une indication briève du jour « et du lieu de leur triomphe [2] » Or, que contenait ce très vieux martyrologe romain ou petit romain [3] sur saint Lucien?... Ou bien il se taisait; — ou bien il faut le conclure de ce que répétera Adon, lequel, on le sait, se servit, pour rédiger son

[1] Boll. VII, janv. p. 359.

[2] A part les dates proconsulaires, les actes des martyrs ne contiennent rien qui puisse fixer sur l'époque de l'événement. Grég. le Grand, liv. VII, ép. 29. Voir l'ancien martyrologe de Carthage, publié par Mabillon Analecta, édit. in-f°, p. 164. — « Les dates chronologiques qu'on y rencontre, » dit dom Chamart parlant des Acta martyrum, « n'ont pas d'autre valeur que « celle que leur confèrent l'intelligence et la science de leur rédacteur. »

[3] Adon déclare ce martyrologe très ancien « perantiquum »; il remonte certainement à la première moitié du VIIIe siècle, peut-être à Grégoire III, vers 740.

martyrologe d'une copie d'un vieux martyrologe, romain qu'il rencontra, don d'un pape aux évêques d'Aquilée, à Ravenne. — Il est très probable que la légende d'Adon : Belvaci sanctorum Luciani et Messiani [1], qui est aussi à peu près celle de Bède et qui tranche par sa concision avec les gloses de Florus, de Raban Maur et d'Usuard, est le texte primitif. Pour sûr, si le vieux martyrologe romain avait accolé au nom de saint Lucien la date de saint Clément, Adon, aréopagitiste ardent, n'aurait point supprimé une mention qui s'accordait si bien avec la thèse d'Hilduin. Ce qui me confirme dans ce sentiment, c'est que parmi des martyrologes hiéronymiens apocryphes, un texte de Corbie porte : « In Galliæ civitate « Bellovacus passio sanctorum Luciani, Maxiani (Mariani) et « Juliani martyrum. »

II. — *Bède.* Le premier hagiographe connu qui composa de son chef « *privato studio* » un martyrologe, est Bède dit le Vénérable, disciple de saint Benoit Bischop et de saint Céolfrid, moine de Jarrow, prêtre et l'une des gloires de l'Eglise d'Angleterre (673-757) [2]. Mais existe-t-il quelque part un martyrologe véritablement de Bède? Les Bollandistes, après avoir cité plusieurs manuscrits du monastère de saint Riquier, de Liège, etc., qui portent son nom, ajoutent : Nous en doutons « *dubito.* » Dom Ceillier, plus affirmatif, rejette absolument des œuvres de Bède le martyrologe [3]. « Quoi-

---

[1] Le vieux martyrologe romain, Bède, Adon, Usuard, distinguent deux Denys : l'un, le 3 octobre à Athènes, l'autre « Romano pontifice missum (Adon) ... quos referunt « Clemente missos (Usuard), le 9 à Paris.

[2] Mort en 735. Dom Ceillier. Son martyrologe est en Bolland. t II de mars, en Migne où l'œuvre dite de Bède est distinguée des additions de Florus, etc.

[3] Voir dans Usuard et dans Bède lui-même (Hist. eccles. anglorum lib. V cap. 24), les caractères auxquels on reconnaîtrait l'œuvre de Bède : des lacunes dans le calendrier, un style serré. — Remarquer en outre les différences qui existent entre des versions attribuées toutes à Bède, la présence dans certains textes dits de Bède de noms postérieurs à lui.

qu'il en soit, des manuscrits dits de Bède, contiennent ces légendes [1] : « VI Id. Jan. Bellovaco sanctorum martyrum « Luciani et Messiani » — « Civitate Bellovaco sanctorum « martyrum Luciani, Maximiani (ou Massiani) et Juliani. » (Ms. de St-Riquier et de Ste-Marie d'Utrecht). — « Bellovaco « sanctorum Luciani presbyteri, Maximiani et Juliani martyrum. » (Ms. de St-Lambert de Liège).

Ce laconisme excessif est-il le fait d'un plan que s'est tracé Bède ? ou le résultat forcé des ténèbres qui enveloppaient les détails du martyre de saint Lucien? J'accepte plutôt la seconde hypothèse, puisque Bède fait mention d'un martyrologe où « il « rapporte, avec le jour natal du martyr, le genre de sa mort « et le nom du juge. »

III. — *Florus*. Florus, moine de Saint-Tron (dioc. de Liége) vers 760, d'après Cave, Fabricius, Arbellot, dom Guéranger etc., — ou plutôt sous-diacre (Wandelbert) [2], diacre (dom Ceillier) ou prêtre de l'église de Lyon, accusateur d'Amalaire de Metz au concile de Quierzy en 837, « vir memorabilis » dit Usuard, remplit des lacunes que Bède avait laissées à son martyrologe et « remplaça par une marche un peu vagabonde la « briéveté de Bède (Usuard). » Certains martyrologes, dits de Bède, ne seraient-ils pas les textes complétés par Florus? N'importe la solution de ce point de critique, voici le texte de Florus qui concerne saint Lucien : « VI id. vacat Beda. Bel- « vacus civitate, natale sanctorum Luciani presbyteri, Maxi- « miani, Juliani martyrum qui ab urbe Roma egressus, « Galliarum civitatem Belvacensium perveniens, verbo « prædicationis et miraculorum signis coruscans, multum « populum ibidem Domino acquisivit, quem apparitores Juliani « imperatoris perquirentes, vinctis manibus decollaverunt,

---

[1] Citées par L'Oisel.

[2] Ope et subsidio præcipue usus sum, dit Wandelbert, sancti et nominatissimi Flori, Lugdunensis ecclesiæ subdiaconi, etc.

« cujus corpus exanime, ut fertur, se erigens et propria manu « caput sanctum abscissum apprehendens, stabili gressu ad « locum quem vir sanctus funeri tradendum elegerat, depor- « tavit [1]. Scriptum in gestis ejus [2]. » Il importe de remarquer que Florus dit Lucien *prêtre,* fixe sa mission à l'empereur Julien (le mot *empereur* est un synonyme du *César* du moine anonyme), raconte que saint Lucien porta sa tête entre ses mains, ce qu'il ne dit point de saint Denys, intercale à cet endroit de son récit un *ut fertur* qui témoigne d'une foi historique encore hésitante, tait les noms de Sisinnius et de saint Denys [3], ajoute un détail personnel : « quem vir sanctus, etc. », bref, sent une inspiration du moine anonyme ou d'un acte antérieur.

Nota. — Les martyrologes anciens de Notre-Dame, de saint Frambourg, de saint Rieul (de Senlis), cités par Afforty [4], disent de saint Lucien : « VI° idus Januarii Belvaci sanctorum Luciani « presbyteri et Messiani qui passi sunt sub Juliano imperatore » et distinguent deux saints Denys évêques, l'un d'Athènes, l'autre de Paris.

Je dois, pour être exact, reconnaître que le martyrologe de saint Rieul [5] ajoute : « IX° calendas maii apud Silvanecti « civitatem depositio sanctissimi Reguli episcopi et confessoris « quem sanctus Clemens pontificalis ordinis gratia consecratum « cum beato Dionysio direxit in Gallias peractaque prædica- « tione in ipso territorio sancto quievit fine. »

IV. — *Raban Maur,* né à Mayence en 785, élève d'Alcuin-Albinus qui le surnomma Maur — on l'appela aussi le Sophiste

---

[1] Bolland, ms A. T. du monastère de (Lætiensis) Liessies et de Tournay,

[2] Addition du ms de Tournay.

[3] Florus dit de saint Denys qu'il fut envoyé par saint Clément. (Edit de Cologne).

[4] IV, 1918, 1920.

[5] Ibid., 1921.

— à saint Martin de Tours (802), — chef de l'école de Fulda en 810, — abbé de Fulda en 822, — archevêque de Mayence 847-856, — honoré par l'Eglise du titre de bienheureux, — composa au temps de Louis-le-Débonnaire et de Lothaire de nombreux ouvrages [1] et entr'autres, vers 845, à la prière de Radlaïc, abbé de Slegenstadt, un martyrologe. Avons-nous ce monument hagiographique dans le martyrologe manuscrit du monastère de saint Gall qui porte le nom de Raban? dans « l'exemplaire semblable, mais sans nom d'auteur du monas« tère de Saint-Maximin de Trèves? » (Boll.) Raban-Maur, si ces manuscrits sont vraiment de lui, n'aurait guère fait que copier, avec quelques additions, les martyrologes de saint Jérôme, de Bède et de Florus. Pourtant il aurait dépassé les limites de ce procédé prudent au chapitre de saint Lucien où il s'exprime ainsi : « Eodem die passio S. Luciani presbyteri et « martyris, qui, missus a Roma prædicare verbum Dei in Galliis, « martyrizavit sub Juliano Cæsare in iisdem partibus, occisus « gladio, per cujus prædicationem multi conversi sunt ad « fidem; ad cujus sepulchrum multa ostenduntur miracula et « sanitates fiunt plurimæ. » L'avouerai-je? Je tiens pour significative la situation que Raban a faite ici à saint Lucien. Les détails relativement longs qu'il donne : « Presbyteri, sub « Juliano Cæsare, etc , » démontrent que Raban-Maur a connu, lui aussi, la vie de saint Lucien du moine anonyme ou une source plus ancienne qui a servi à ce dernier. D'un autre côté, Raban intimement lié avec Hilduin, sur la demande duquel il écrivit un commentaire des livres des rois [2], inclinait, quoiqu'avec hésitation [3], vers les idées aréopagitiques et mon-

---

[1] Cujuscunque sancti obitum sive martyrium, qualiter vitam finierint, legi, breviter prout valui notavi (Raban).

[2] Boll. IV, février, de B. Rabano Mauro, § IV.

[3] Parlant de saint Denys et de ses compagnons Rustique et Eleuthère, il il dit : « Quos *referunt* a Clemente papa in galliam missos. » — de Saturnin il répétera aussi qu'il fut ordonné « ut fertur » par les disciples des apôtres.

trait une facilité peut-être trop grande à accepter sans critique des légendes pieuses [1]. Pour être conséquent, on le sait, Raban ôta à saint Lucien le patronage *cum S. Dionysio* de la version du moine anonyme, si toutefois ces mots n'y sont pas une interpolation postérieure.

V. — *Saint Adon*, né en Gâtinais en 802, moine de Ferrières au diocèse de Sens, écolâtre de l'abbaye déjà célèbre de Prum où Wandelbert et ses disciples avaient dû déjà vulgariser la thèse de l'aréopagitisme, habitant de Rome cinq ans, évêque de Vienne (sept. 860-875 déc.), estimé grandement du pape Nicolas, acheva vers 858 à l'aide d'un martyrologe romain qu'il dit avoir rencontré à Ravenne [2], de Bède, de Florus, un martyrologe qui est en général plus étendu que l'œuvre de ses devanciers et forme sur plus d'un saint ce que j'appellerais une demi-légende : « Belvaci » dit-il, « sanctorum Luciani et « Messiani ». C'est court.

VI. — *Notker*. Le bienheureux Notker (— 912), moine de saint Gall, composa sous le pape Formose, vers 894, un martyrologe où Raban-Maur et Adon sont noyés dans des recherches nombreuses personnelles. Sa critique n'est pas toujours sûre. Exemple : Il tire les circonstances des martyres des premiers papes des fausses décrétales... Parlant de saint Denys, il distingue deux Denys, au III et au IX oct., tandis que dans sa 38e séquence [3] il fait saint Denys l'Aréopagite évêque d'Athènes,

---

[1] « La légende de saint Martial publiée sous son nom par l'abbé Faillon « n'est qu'un tissu de fables » dit dom Chamard.

[2] Les analecta juris Pontificii nov. déc. 1876, p. 1035 s'expriment ainsi : « Les détails de cette découverte paraissent étranges et vraiment *fabu-« leux*... C'est le premier martyrologe qui établisse une distinction entre « les deux saints Denys... Adon, évêque du siége de Vienne qui honore en « qualité de fondateur saint Crescent, disciple des apôtres, ne peut être « accueilli comme un témoin impartial. Il avait quelque intérêt à contester « que le premier évêque de Paris fût le même personnage que l'aréopagite. — Voir Gall. Christ. t. XVI.

[3] Patrol. lat. t. LXXXVII. Dom Ceillier, t. XII, p. 766.

puis apôtre des Gaules et évêque de Paris. — Au chapitre de saint Lucien, il dit : « Melloacia S. Luciani socii beati Dionysii. Item Messiani. »

VII. — *Usuard* (— 897). Le plus célèbre de tous les martyrologes particuliers est celui qu'Usuard, moine de Saint-Germain-des-Prés (en 838) et prêtre, composa, sur les instances de Charlemagne ou plutôt de Charles-le-Chauve (875) [1], en condensant les travaux du petit romain, de saint Jérôme, de Bède et de Florus [2] et les recherches personnelles « sagaci indagine [3] qu'il avait faites en Gaule et en Espagne. Usuard témoigne d'une critique judicieuse à laquelle le IXe siècle n'était point habitué; sa haute indépendance d'esprit ne se laisse point entamer par l'autorité d'Hilduin ni les idées en vogue [4]; sa prudence conserve dans les questions controversées une sage réserve; cette mesure, cette conscience de l'écrivain, cette grande honnêteté, « vir magnæ probitatis » dit Aimoin [5], ont conquis à son martyrologe un crédit qui le faisait préférer à tous les autres dans les offices publics de l'Eglise, avant la correction du martyrologe romain en 1584. Or, que pense Usuard de saint Lucien? Le voici [6] : « Sexto idus Januarii « Belvaci (alias Belvacus ou Belvago) sanctorum martyrum « Luciani presbyteri, Maxiani (alias Maximiani) et Juliani

---

[1] Vers 863, en 875 Sollier.

[2] Saint Jérôme, dit Usuard, « brevitati studens » — Bède « quam plures « Kalendarum dies intactos relinquens » — « Flori, memorabilis viri latiora.. « vestigia... »

[3] Recolebamque in ipsis eorumdem (sanctorum) solempnitatibus quam multos propriæ negligentiæ excessus quos etiam purgari tali cupiebam officio... Ac si quid præter quod ab illis accepi in hoc opere actum vel mutatum est, sagaci a me indagine id perquisitum agnosci poterit.

[4] Usuard comme Adon distingue deux saints Denys, malgré Hilduin qui l'avait envoyé chercher sous les ruines de Valence le corps de saint Vincent, etc.

[5] Translation du corps de saint Georges à Orléans.

[6] L'Oisel et Bolland.

« quorum duo ultimi (alias Maximianus et Julianus primo) a « persecutoribus gladio perempti (alias puniti) sunt, beatus « autem Lucianus (alias doin beatus Lucianus ou deinde « beatus Lucianus, ou inde beatus Lucianus) post nimiam « cædem cum Christi nomen viva voce confiteri non timuisset « (alias metuisset) priorum sententiam et ipse excepit. »

Certaines versions contiennent une phrase conjonctive d'une grande importance entre « Beatus autem Lucianus » et « post nimiam cædem » ; la voici : « Qui cum sancto Dionysio in gal-« liam venerat. » « Certains manuscrits plus récents, » disent les Bollandistes, « marqués du nom d'Usuard, rapportent que « saint Lucien était disciple de saint Pierre ; d'autres, qu'il vint « d'Antioche à Rome avec saint Pierre. » Ces phrases et ces idées ne paraissent pas appartenir au texte primitif d'Usuard[1] et sentent fort l'interpolation.

VIII. — *Le Martyrologe romain* nouveau, je ne l'ignore pas, fait venir saint Lucien avec saint Denys de Paris qu'il confond avec l'Aréopagite. « S. Luciani qui cum S. Dionysio in Galliam « venerat. » Mais Baronius sentait si bien la connexion qui existe entre saint Lucien et saint Quentin qu'il supposait deux Lucien. En outre, ce serait aller au-delà des exigences de l'Eglise comme exagérer la pensée de Galesini et de Baronius, qui furent chargés de la corriger, que d'attribuer au martyrologe romain une valeur indiscutable.

CHAPITRE V

ACTES DES SAINTS DANS LESQUELS IL EST FAIT UNE MENTION EXPRESSE DE SAINT LUCIEN

« Il y en a » dit Louvet « qui contre l'opinion commune « soustiennent que sainct Lucian a souffert le martyre souz

---

[1] Le manuscrit de la bibliothèque nationale, c'est l'avis de dom Rouillart contre le père Sollerius — est l'autographe même d'Usuard.

« Dioclétian, dénians que sainct Denys l'Aréopage soit venu « en France, que sainct Lucian ayt esté l'un de ses compa- « gnons... [Ceux-là] le font compagnon de sainct Rieule, de « sainct Quentin, des saincts Crespin et Crespinian, des saincts « Victoric et Fuscian, lesquels ils disent avoir soufferts le « martyre souz l'empire de Dioclétian. Et par preuve se ser- « vent des autoritez de Bède, de Grégoire de Tours, de Vin- « cent de Beauvais, de Baronius et de quelques manuscrits qui « portent qu'en la vie de sainct Victoric et de sainct Fus- « cian, sainct Quentin fut envoyé en la ville d'Amiens, sainct « Crespin et sainct Crespinian à Soissons, sainct Lucian à « Beauvais, saincts Fuscien et Victoric à Térouenne ; — qu'en « la vie des saincts Crespin et Crespinian, sainct Quentin, « sainct Lucien, sainct Ruffin, sainct Valère, et sainct « Eugène, gentilshommes romains, se transportèrent en « Gaule pour y prescher l'Evangile ; — qu'en la vie de sainct « Quentin, dedans Surius, etc. »

En dégageant de plusieurs confusions l'objection, on la réduit à cette formule : Plusieurs actes font de saint Lucien un compagnon de saints du IIIe siècle. Voyons ces documents dont l'autorité a paru assez grande à l'Oisel, à de la Morlière, etc., pour les convaincre.

I. — *Sainte Benoite* (8 octobre).

Les historiens de la Passion de sainte Benoite (Livre de la Tresorerye Sainte-Benoite d'Origny [1], Passionnaires de l'Eglise de Saint-Quentin résumés par Héméré en son *Augusta Viro-*

[1] Le scribe a copié à la suite de cette légende une histoire très curieuse de la translation de sainte Benoite : « Et fu enterré la et n'i avoit nulle « eglise ains estoit tout bos. Et i ut trois cheus (événements) aus « enterre (translation). Et au chief (premier) de ces trois cheus, nus i avoit « un aveule a Paris et li vint une vois qui li dist quil alast a une ville quon « apeloit Aurigny, etc. » — Remarquez que l'on s'est servi de la vie de sainte Benoite pour la vie de sainte Saturnine (20 mai) et de sainte Romaine (3 octobre).

manduorum illustrata, p. 60, etc.), rapportent que cette illustre Romaine, ayant ouï parler des beaux faits de saint Quentin, que certains disent avoir été son parent, — de saint Lucien et de leurs compagnons :

Quintini ac Luciani simili fulgore venusti
Qui, natale solum Romam linquendo, per orbem
Occiduum sparsi, sociis cum pluribus, olim
Catholico tumidos moverunt dogmate Gallos
Tendere ad æthereum insigni tramite regnum.
(Livre de la Tresorerye, etc.)

« Audierat namque jam tunc quorumdam *relatione* « multimoda gloriosa martyrum Christi certamina, videlicet « *Quintini* et *Luciani* aliorumque qui ab urbe Roma « progressi, etc. » (Vaucelle), — partit pour vénérer leurs tombeaux avec onze autres vierges (douze missionnaires) [1] parmi lesquelles étaient Leoberie, sa sœur de lait et Jolana « dont on a coutume d'invoquer la protection spéciale pour les enfants maigres et desséchés », — gagna Bibrax « qui reçut plus tard le nom de Laon » — obéit à une inspiration qui l'appelait à Origny *(Auriginucum)* sur les bords de l'Oise, — subit plusieurs interrogatoires devant le tyran, seigneur ou préfet de l'endroit « Matroclus, » Matroculus (Vincent de Beauvais), ou Mytroculus, que quelques-uns veulent avoir, été (!) juif, — reçut durant la nuit la visite d'un envoyé d'en haut qui lui montra le ciel et les fruits de sa mort, — fut décapitée ou « eut la tête ouverte d'un coup d'une hachette que « l'on vénère encore chez les Bénédictines d'Origny, en le « capelle au mont et aportié son corps au moustier ou mont « et fu enterré là. »

Je n'ai nullement l'intention de discuter l'autorité de ces

[1] Tradition de douze missionnaires en Lettre du Concile de Paris à Eugène II (825), en Vies de saint Lucien, saint Quentin, etc.

versions. Elles ne sont qu'une traduction, dans une forme mesurée et plus digne, d'un récit plus ancien :

Nunc superest textam transfundi re duce prosam
Virginis ad laudem, metricam in seriem,
Plane prosalis quia non decet atque pedalis
In scribendo stylus...

(Livre de la Tresorerye, etc.)

Il me suffit de constater que la tradition ancienne de l'abbaye d'Origny réunissait dans une société de mission saint Lucien et saint Quentin [1].

II. — *Saint Chrysole* (7 février).

Les Bollandistes nous ont conservé deux récits des actes de saint Chrysole, l'un (A) d'après un manuscrit de la Bibliothèque de Commines et de Rougeval, — l'autre (B) d'après un manuscrit de Liège.

Chrysole « regii generis », s'il faut en croire ces récits que je fonds ensemble, émigre d'Arménie où il était archevêque (A), — car (B) la persécution sévissait dans ce pays « jussu Diocletiani Romanorum principis » — reçoit du pape [2] « canolam « sancti Petri (A) », c'est-à-dire disent les Boll., une petite boîte pour déposer le corps du Christ, — est associé à saint Denys, à saint Quentin (B), à saint Piat et à saint Lucien (B). — « Associatus est beatissimis Christi martyribus beatissimo Dio- « nysio, Quintino, Piato, *Luciano* et aliis quam pluribus « quorum nomina vitæ adscribuntur in libro qui ad fidem « Christi prædicandam in Gallias fuerant destinati (A). Quin « vero Dionysius Parisiis, Quintinus Ambianis, Piatus Tornaco, « et *Lucianus* Belvagi prædicaverint, apud modernos nulla « est ambiguitas. (A) » — prêche en divers lieux la Trinité (A), — est poursuivi par Dèce en même temps que Fescennin

[1] Voir, *si libet*, *conjectures* de Louvet, etc., liv. I chap XIV, 3, 4.

[2] Quel pape? *Caïus* (283-296), selon Buzelin. *Gaule flamande*, liv. I, ch. X. — *Saint Marcel* (308-310), selon Molan, Canisius, etc.

recherche saint Denis et « Latinus, Jairus et Antor » saint Lucien. « Sæviente in Christianos Diocletiana persecutione, « missus est Parisios ad perquirendum Dei martyrem Diony- « sium cum suis quidam Præfectus Fescenninus, Bellovacum « vero ad perdendum virum Dei Lucianum tres ferocissimi « viri Latinus, Jairus et Antor : circa vero inferiora loca qui- « dam præfectus non minoris crudelitatis et malitiæ nomine « Decius ut e medio sanctum archiepiscopum Grisolium tolle- « ret (B), » — est surpris pendant qu'il prêchait l'Evangile (B), — porte sa tête à Commines (A-B).

J'avoue ne professer pour les actes A qu'un respect médiocre, car les circonstances fabuleuses, par lesquelles leur auteur a voulu rehausser son héros, et un plagiat évident des actes de saint Lucien, infirment grandement leur autorité. Mais la version B, qui n'a pas sacrifié la légende primitive à ces inventions plus curieuses que vraies, est d'accord à associer les noms de : Denys, Lucien, Quentin, Piat et Chrysole. Donc, ou ces saints appartiennent tous au IIIe siècle, — ou le nom de saint Denys, si saint Denys doit être rattaché au pape saint Clément, est ici encore une interpolation que le désir de relever saint Chrysole par une semblable société a inspirée. *Sub judice.*

III. — *Saint Crépin et saint Crépinien* (25 octobre).

Je ferai sur ces deux gloires de Soissons les quelques observations qui suivent :

I. Leurs actes, dont je n'ai point l'intention de discuter la valeur [1], leurs actes, le martyrologe romain les font mourir sous *Rictiovare,* nom générique (homme dur) ou particulier, et *Dioclétien* et Maximien (284-305), ce qui n'est point con-

[1] Florus, écrivain sage, résume les actes des saints Crépin et Crépinien et semble par là leur accorder un crédit sérieux. — La rédaction que nous en avons, est de la fin du XIIIe siècle, pense Baillet. — « Ils ne contiennent » disent les auteurs de l'*Histoire littéraire de la France* (t. IV, p. 196, « que « des traditions populaires ornées de circonstances peu vraisemblables. »

tredit par une critique autorisée, laquelle fait coïncider leur martyre avec le massacre de la légion thébaine en 285-286 [1]. Ces dates sont acceptées par Usuard, par Ghesquière « qui « croit pouvoir placer sans erreur l'époque de la mission de « saints Crépin et Crépinien au milieu du IIIe siècle », par les Bollandistes, qui tiennent pour assez probable qu'ils furent envoyés par le pape Fabien, au mois de juin ou de juillet 249, par M. Ch. Salmon, etc.

II. Plusieurs actes des saints Crépin et Crépinien, et « les « plus anciens » disent les Bollandistes, s'expriment ainsi : « Quum sub Diocletiano et Maximiano... persecutio sæva in « universo pœne orbe perstreperet, Quintianus (Quintinus), « Lucius (Lucianus), Valerius et Eugenius, Romæ claris nata- « libus orti, in Gallias prædicare venerunt... Quos secuti... « Crispinus et Crispianus... Rictiovarus... » Ce texte, que les Bollandistes ont emprunté à des manuscrits de Notre-Dame d'Acey (diocèse de Besançon), de la Charité (même diocèse), de Marchiennes, etc., n'est nullement contredit par les versions presque similaires de Saint-Maximin de Trêves, de Saint-Omer, etc.

Un manuscrit de Châlis, cité par Deslyons [2] associe pareillement « sub Maximiano et Diocletiano » saint Lucien, saint Quentin, saint Crépin et saint Crépinien. — « Cum sub Diocletiano » disait un légendier manuscrit de Notre-Dame de

---

[1] Il existe quatre dates auxquelles le martyre des saints Crépin et Crépinien est attaché : 285, Bollandistes, — 287-288. Tillemont, Baillet, Carlier, dom Grenier, etc., — 296-297, Baronius, Colliette, Lebœuf, — 302-303, Marlot, Dormay. — Dom Ruinart préférant la date de 286, car, dit-il, Maximien-Hercule, que Dioclétien s'était associé l'année précédente, était alors en Gaule, ajoute : « Haud tamen diffitemur istam martyrum passionem « ad sequentes annos posse etiam referri. » (Dom Ruinart, *Admonitio in Passionem, ss. Mauritii*, etc.). — Lactance, à l'année 303 écrit : « Vexa- « batur universa terra et *præter Gallias* ab oriente usque ad occasum tres « acerbissimæ bestiæ sæviebant. »

[2] Afforty, t. X. 5727. Bibliothèque municipale de Senlis.

Senlis [1], « et Maximiano qui simul imperio potiti eadem « malitia Christi nisi sunt expugnare Ecclesiam, persecutio « sæva in orbe pœne universo perstreperet, Quintinus, Lucia- « nus, Rufinus, Valerius et Eugenius claris orti natalibus « in Gallias prædicare venerunt. » — Crépin et Crépinien vinrent « avec le bienheureux Quentin et autres ». Vincent de Beauvais.

III. La vie de saint Sixte rapporte que saint Sixte et saint Sinice furent inspirés de Dieu, grâce à l'intercession de saint Crépin et de saint Crépinien, d'aller de Reims à Soissons au milieu des chrétiens que ceux-ci avaient évangélisés. Sans doute Flodoard (-966), dans son *Histoire de l'église de Reims* (liv. I, chap. 3), Raban-Maur, Notker et le martyrologe romain contredisent cette chronologie puisqu'ils appellent saint Sixte « disciple de saint Pierre et font mourir saint Sixte et saint « Sinice sous Néron; » mais cette appellation et cette date prouvent moins qu'il ne semblerait au premier abord, et elles ont contre elles le témoignage de Paschase Radbert, qui regardait saint Crépin et saint Crépinien comme les fondateurs de l'église de Soissons [2]. Sans doute encore les actes de saint Sixte ont été dépréciés par dom Rivet [3], mais le savant bénédictin aurait estimé davantage une légende dont la composition sent le Ve ou le VIe siècle, s'il avait connu le texte nouveau que les Bollandistes en ont donné [4]. Aussi beaucoup de savants [5] n'hésitent pas à placer la mission de saint Sixte et de saint Sinice vers la fin de l'empire de Dioclétien.

---

[1] Afforty, t. X, 5727. Bibliothèque municipale de Senlis.

[2] Doit-on tenir pour intègre cette liste des évêques de Soissons : 1. Saint Sixte. 2. Saint Sinice. 3. Saint Divitien. 4. Rufin. 5. Filian. 6. Mercure qui assista au Concile de Cologne de 346?

[3] *Histoire littéraire de la France*, t. X, p. 24.

[4] Sept., t. I, p. 121, N° 13.

[5] Lebœuf : *Dissertation sur les origines de l'Eglise de Soissons*, l'abbé Pêcheur, etc.

IV. Les Pères du deuxième concile de Soissons en 866, dans le privilége du monastère de Solognac, disent que saint Eloi avait fondé vers 631 [1] un monastère « en l'honneur des apôtres « Pierre et Paul, du martyr Denys et de ses compagnons « Crépin et Crépinien : Innotuit synodo qualiter vir venera- « bilis atque beatissimus Eligius, Veromandensis ecclesiæ « episcopus... cœnobium ipsum in Limovicino rure quod Sol- « lemniacus vocatur in honore omnipotentis Dei et venera- « tione beatorum apostolorum Petri et Pauli ac martyrum « Dionysii et sociorum ejus Crispini et Crispiniani. »

Ce document (société de saint Denys, de saint Crépin et de saint Crépinien) gagne en importance, si l'on tient compte de ces deux faits : (a) Le notaire qui a rédigé le diplôme : « Innotuit, etc., » rapporte, non pas l'opinion des Pères du Synode, ce qu'une critique rigoureuse pourrait appeler un sentiment nouveau, mais la pensée de saint Eloi. — (b) Ce privilége de Solognac est souscrit par Hincmar qui contredit par respect de l'antiquité ses doctrines personnelles, en associant saint Denys, qu'il croit être l'Aréopagite, à saint Crépin et à saint Crépinien.

V. Nous avons déjà fait remarquer que Paschase Radbert, dans la vie des saints Rufin et Valère qu'il composa à la sollicitation des gens de Bazoches, déclare avec une netteté qui démontre ou une science certaine de la chose ou un embarras considérable à éviter, que saint Rufin et saint Valère sont venus de Rome avec Quentin, Crépin et Crépinien, mais non avec Denys.

Undique ambages! Ce qui ressort de plus clair de ces dates et de ces noms que le « a beato Clemente » et l'Aréopagi-

---

[1] *Vie de Saint-Eloi*, par saint Ouen, en spicilége de dom Luc d'Acheri, t. V, p. 202. Dédicace du monastère de Solognac, le 9 mai 631, où 22 évêques, etc. — Voir Sirmond : *Concilia antiqua Galliæ*, t. III, p. 201. — Labbe, collect. Concil., t. VIII, p. 841. — *Gall. Christ.*, t. II. Inst. col., 185.

tisme rendent incompatibles, c'est l'existence de deux systèmes hagiographiques qui se contrarient : l'un qui vieillit des saints du IIIe siècle pour attacher l'origine de leur apostolat à la bénédiction de saint Clément, — l'autre qui retire, à tort ou à raison, saint Denys de leur société.

IV. — *Saint Eubert* (1er février).

I. Les Bollandistes, après avoir déclaré qu'ils ne connaissent point d'actes de saint Eubert, qu'ils ont été probablement perdus au milieu des guerres et des incendies, ajoutent que saint Eubert, célèbre dans les martyrologes, aurait été, d'après la tradition, un compagnon et un aide de saint Piat, — lequel, né à Bénévent, savant et pieux, vint avec saint Denys de Paris, Quentin, Chrysole, Crépin, Crépinien et autres envoyés par le pontife romain, — fut sacré évêque par saint Denys, fut enseveli à Seclin où, 350 ans après, Eloi trouva les instruments de son martyre.

II. Saussaie, cité par les Bollandistes, s'exprime ainsi : « Euberti... alias Eugenii qui ex urbe Roma, furente Diocle- « tiano in Gallias ad prædicandum Evangelium cum S. Quin- « tino, *Lucio*, Crispino et Crispiniano, Piatone aliisque, etc. » — En quoi les Bollandistes blâment l'identification d'Eubert et d'Eugène[1] (de Tolède), — la date : « furente Diocletiano » — l'appellation *Lucius* qui s'accole moins bien au nom de saint Quentin que la forme *Lucianus* — et l'air de martyr donné à saint Eubert qui mourut très probablement de mort naturelle à Seclin, d'où ses reliques furent portées à Saint-Pierre de Lille.

V. — *Saint Eugène* (15 novembre).

I. L'on trouvera plus haut, ch. I, § II, une analyse et une critique des actes de saint Eugène-Marcel, évêque de Tolède.

---

[1] Le Mire a fait aussi cette identification.

II. *La chronique de Flavius Dexter* [1], dont il est inutile de signaler le caractère maladroitement apocryphe, attache à l'année 100 les événements que voici : « Vers cette époque, « au rapport de quelques historiens, florissait à Rome saint « Marcel, citoyen romain, surnommé Eugène, ami intime de « Néron, disciple de saint Pierre, de la famille et de la maison « de César, d'abord disciple de Simon le Magicien, fils du « préfet Marcus Marcellus, compagnon de voyage habituel de « saint Pierre. Le pape saint Clément, l'ayant attaché à saint « Denys l'Aréopagite qui allait en Gaule, Marcel parcourut « l'Italie, la Gaule, l'Espagne, fut nommé légat de saint « Clément, placé par saint Denys sur le siége épiscopal « d'Arles, puis envoyé en Espagne où il fixa sa chaire à « Tolède. Denys l'Aréopagite dédia à Eugène-Marcel, appelé « *Timothée* pour ses excellentes qualités, ses livres des *Noms* « *divins.* » — A l'année 110 : « Peu après, saint Denys « l'Aréopagite visite l'Espagne, est nommé par saint Clément « légat de tout l'occident. » — A l'année 112 : « Jonas, disciple « de saint Denys l'Aréopagite, vient visiter à Tolède saint « Marc, Eugène-Marcel... » — A l'année 130 : « Marcel- « Eugène [étant en Gaule] apprit la mort glorieuse de son « condisciple saint Denys et la célébra en vers élégants. Les « satellites de Trajan Adrien... l'arrêtèrent... »

La légende de saint Eugène, comme nous l'avons fait remarquer déjà, s'est tellement inspirée des actes de saint Denys qu'elle n'apporte aucune autorité distincte touchant la mission clémentine, la dualité ou la confusion des saints Denys, les origines des églises d'Arles, de Toulouse et de Tolède, etc., etc.

VI. — *Saint Firmin* (25 septembre).

« L'infatigable apôtre, » dit l'abbé Corblet (Hagiogr. du

---

[1] Patrol. lat., t. XXXI, p. 239. — Voir Vincent de Beauvais, où « ex « gestis ejus. » et « Diptychon Toletanum » de Jérôme de la Higuera à la suite de la chronique de Luitprand, p. 577-588.

diocèse d'Amiens, t. II, p. 32, 33, 44), « ayant appris la persécution qu'exerçait à Beauvais le gouverneur Valère contre « les chrétiens que saint Lucien avait engendrés à la foi, « conçut la pensée de leur porter l'appui de ses encouragements. Le martyre de saint Firmin doit être circonscrit « dans la première moitié du IIe siècle. » — La légende de saint Firmin fait-elle quelque part mention de saint Lucien?

VII. — *Saint Fuscien et saint Victoric* (11 décembre).

I. La version du VIe siècle que du Bosquet [1], Ghesquière [2] ont éditée, les fait venir sous Maximien, ce qu'Adon, Usuard et le martyrologe romain répéteront, etc. : « Eodem tempore quo « Maximianus truculentissimus Augustus per arva Galliæ « præsidebat, sancti ergo viri Dei Fuscianus et Victoricus « cum duodenario numero sociorum per ordinem glomerati, « una cum venerabili Dionysio præsule, comitibus cæteris « Piatone, Ruffino (Rufino, Deslyons), Crispino, Crispiniano, « Valerio, *Luciano*, Marcello, Quintino et Regulo [Eugenio] « ab urbe Roma progredientes cursu intrepido intra Galliæ « fines urbe Parisiis duce Christo itineris pervenerunt, etc. »

Ce qui concourt à donner de l'autorité à cette version, c'est d'abord qu'elle s'étaye sur un monument plus ancien encore : « Nam ut historiæ gesta commemorant..., a scriptoribus qui, « ut apparet, Fusciani et Victorici historiam concinnarunt », — c'est en second lieu l'estime que les évêques des Gaules eurent de ces actes en 825, lorsqu'ils s'en inspirèrent pour encourager l'opinion que saint Denys, envoyé par saint Clément, était venu avec douze compagnons.

II. Les actes que Germain Millet a publiés d'après la bibliothèque de Corbie dans sa réponse au chapitre IIe des *dissertations* de Jacques Sirmond, expriment la même pensée : « Eodem

---

[1] Historiæ Gallicanæ ecclesiæ, T. I, 1636.

[2] Actes des Saints de Belgique, t. I, p. 158.

« tempore [sous Dioclétien] sancti ergo viri Fuscianus et « Victoricus aliis simili sanctitate præditis aggregati, videlicet sancto *Quintino et Luciano*, Crispino et Crispiniano, « Piatoni atque Regulo, Marcello et Eugenio, Rufino et « Valerio ab urbe Roma, etc. » — Ici, comme dans le bréviaire de Paris de 1595, saint Denys ne paraît pas, mais Eugène, afin de compléter le nombre de douze. — Deslyons [1] cite un légendaire manuscrit de Saint-Germain-des-Prés qui contenait la même version : « Sancti viri, etc. »

III. Les actes des saints Fuscien et Victoric que M. Ch. Salmon a mis au jour d'après un manuscrit de la Bibliothèque Sainte-Geneviève (t. XVIII des *Mémoires de la Société des Antiq. de Picardie*), les font venir avec « saint Quentin, « saint Lucien, saints Crépin et Crépinien, saint Piat, saint « Rieul, saint Marcel, saint Eugène, saints Rufin et Valère, » sur quoi il est à remarquer que certains manuscrits des actes de du Bosquet et de Ghesquière ont substitué le nom de saint Denys, les premiers au nom d'Eugène, les seconds au nom de Victoric, ce qui est une manifestation du procédé que nous avons déjà signalé.

IV. Un lectionnaire manuscrit de Notre-Dame de Senlis au 3 des ides de décembre, contenait : « Eodem tempore quo « Maximianus truculentus Augustus arvis Galliæ præsidebat, « Rictiovaro præfectoriæ dignitatis ordinem agere præcepit. « Sancti ergo viri Fuscianus et Victoricus cum duodenario « numero sociorum pari ordine glomerati una cum venerabili « Dionysio ac comitibus cæteris Piatone, Rufino, Valerio, « Crispino, Crispiniano, *Luciano*, Marcello, Quintino atque « Regulo, ab urbe Roma progredientes... urbem Parisius, duce « Christo itineris, pervenerunt... Igitur sancti Dei cultores « Fuscianus et Victoricus... Sanctus quippe *Quintinus* divino

[1] Afforty, IV, 1910.

« fultus oraculo Ambianensium urbis laudabilis extitit prædi-
« cator. Sacer vero Dei cultor *Lucianus* Belvacensium fines « ingressus ardenti animo divina eloquia gentili populo prædi- « cabat, beatissimus idem Regulus, cum ad urbem Sylvanec- « tensem profectus fuisset [1], etc. » — Un légendaire manuscrit [2] de Saint-Frambourg de Senlis s'exprimait dans les mêmes termes, sauf les variantes : « Cum venerabilibus Quintino ac « comitibus... Valerio, Eugenio, Crispino, Luciano, Marcello « et Regulo ab urbe Roma, etc. » — Un autre légendaire de Notre-Dame de Senlis [3] portait : « Eodem igitur tempore... « sancti vero viri... cum venerabili Quintino (*Quintino*, dit « Deslyons, paraît interpolé au lieu de *Dionysio*) ac comi- « tibus... Rufino, Valerio, Crispino, Crispiniano, Luciano (on « a voulu effacer *Luciano*), Marcello, Quintino (on a rayé « *Quintino* et écrit récemment au-dessous *atque Regulo*). »

V. L'auteur de la vie de saint Omer en Surius présente comme autant de contemporains saint Denys, saint Fuscien [4] et saint Victoric ses compagnons, et saint Quentin : « Plebs « Tarvanensis, licet ante adventum B. Audomari a beatissimi « Dionysii sociis, Fusciano et Victorico verbum Dei acce- « pisset, eo tempore quo egregius Christi martyr Quintinus « apud Ambianenses prædicabat, etc. [5] »

Que conclure de l'étude de ces documents?

(*a*) Il paraît certain que saint Fuscien et saint Victoric sont

---

[1] Deslyons, en Afforty, IV, 1915. — Deslyons signale dans ce manuscrit des exponctions maladroites qui sont curieuses : au début *Dionysio* remplacé par *Quintino;* au milieu le *Quintino*, ainsi en double, ôté, grâce à une autre main, etc.

[2] Deslyons, ibid.

[3] Deslyons, ibid.

[4] Pourquoi l'Oisel met-il au lieu de saint Fuscien, saint Just, p. 72? Saint Just de Beauvais mourut en 288, égorgé par les satellites de Rictiovare, etc.

[5] Louvet, t. I, 381.

venus évangéliser Amiens sous les empereurs Dioclétien et Maximien [1].

(*b*) Toutes les légendes s'accordent à leur donner pour compagnons, entre autres, saint Lucien et saint Quentin.

(*c*) Certains actes associent à cette compagnie de missionnaires saint Denys. Le nom de saint Denys appartient-il à la rédaction primitive? Est-il une interpolation?

(*d*) L'opinion d'une mission des douze me semble le résultat d'une confusion : L'épître écrite par les évêques du concile de Paris, assemblé sur le sujet des images, en 825, à Eugène II, dit qu'il y eut « mission de douze, sous le pape saint Clément, « en France, l'un desquels saint Denis était. »

(*e*) Si saint Denys est l'Aréopagite, lesquels de ces douze saints faut-il rendre à saint Denys, lesquels conserver à saint Fuscien? Là plus d'une difficulté. Jacques de Sainte-Beuve [2] et l'abbé Blond [3] sont d'avis de renfermer leurs conclusions dans ces limites : « On dira seulement que ces deux saints (Fuscien « et Victoric) sont venus en France au même temps que saint « Quentin et saints Crépin et Crépinien, sans parler des « autres. « — L'abbé Corblet force cette barrière étroite et ajoute saint Piat. — Faut-il agir semblablement pour saint Lucien?

VIII. — *Saint Piat* (1er octobre).

L'on sait que Piat, né à Bénévent, après avoir évangélisé Tournay, fut martyrisé par les satellites de Rictiovare à Seclin, ou dans le Melantais, porta sa tête entre ses mains [4] comme

---

[1] Erreur de Louvet qui. gêné par l'association de saint Denys, recule saint Fuscien, saint Victoric, saint Crépin, saint Crépinien, etc., jusqu'à l'épiscopat de saint Clément, etc , p. 382.

[2] Afforty, X, p. 5927.

[3] Mémoires sur Saint-Rieul, p. 21.

[4] Bolland., Mart., t. III, p. 814, 887.

les saints Denys et Lucien, fut découvert après saint Quentin par saint Eloi [1].

I. C'est l'opinion constante que saint Piat (*Piato, Piaton, Piator, Piatus*) a souffert sous Dioclétien et Maximien et plus probablement en 287, ou l'une des années qui suivirent. On la surprend dans la vie de saint Piat, que le savant et pieux Guibert de Chartres a composée; — dans la passion de saint Rufin, écrite par Radbert; — dans Usuard, dont les éditions de Lubeck et de Cologne portent : « Ac postea sub Diocletiano... « migravit ad Dominum » [2]; — dans Fulbert de Chartres [3] : « Conjungitur Dionysio

« Suisque sanctis consodalibus...
« Tornacum versus se direxit inclytus
« Cum Parisios iret Beatus Dionysius...
« At Cæsar Maximianus
« Comprehendi jussit eum. »;

— dans Heriman, moine de Tournai, qui fixe la prédication de saint Piat à la fin du IIIe siècle; — dans Baronius, qui copie presque mot à mot Usuard : « Qui cum beato *Quinctino* « *ejusque* sociis ab urbe Roma in Galliam perrexit ac postea in « persecutione Maximiani, etc.; » — dans Buzelin, Molan, le Mire, les Bollandistes; — dans dom Ruinart : « Diocletianus « ad consortium imperii... olim sibi commilitonem Maximia- « num Cæsarem fecit... Eodem tempore beatissimus Piatus « sanctis martyribus consociatus est Quintino, etc. »

II. Adon : « Civitate Tornaco, passio S. Piatonis presbyteri « qui cum beato Dionysio ejusque sociis ab urbe Roma Gal- « liam prædicationis causa expetiit. » — Usuard, — Guibert de Chartres, — les bréviaires de Chartres, — quelques marty-

---

[1] Saint Ouen : Vie de saint Eloi, liv. III, ch. VIII.

[2] Migne : Patrol., t. CXXIV.

[3] Fulbert, vers 1010, « la plus grande lumière de son siècle », disent les Bénédictins.

rologes de Flandre, — les Bollandistes, etc., associent saint Piat à saint Denys.

III. Les Pères Bollandistes, parlant de saint Piat et de saint Yon (5 avril), remarquent à bon droit que les actes de saint Piat, desquels « nulla satis vetusta » ont avec ceux de *saint Lucien* et de saint Yon une conformité extrême. — Sont-ce les actes de saint Lucien qui ont fourni à saint Piat? Les légendes de saint Piat, au contraire, qui auraient l'antériorité et l'honneur du prêt? — Je m'attache à la première opinion, tout en reconnaissant qu'elle a contre elle — pour quels motifs? — l'autorité des Bollandistes : « Tout considéré, » disent-ils, « voici ce qui nous semble plus probable : Des « actes loués de saint Piat ont été perdus; l'on en a composé « ensuite, en changeant des noms de lieux et de personnes « et ajoutant quelques détails, les actes de saint Lucien « (du moine anonyme) que nous avons édités en second lieu; « puis de cette vie de saint Lucien, laquelle nous paraît « plus ancienne que l'autre [celle d'Odon], des emprunts ont « été introduits dans celle que nous avons éditée en premier « lieu et qui recule la mission de saint Lucien et de saint « Denys au Ier siècle. »

Quoiqu'il en soit, une vie de saint Piat par Guibert (XIIIe siècle) s'exprime ainsi nettement : « Sic postmo- « dum Parisiensem populum Dionysius, Ambianensem Quin- « tinus, Suessionensem Crispinus et Crispinianus, Piatus vero « populum Tornacensem... Regnantibus autem Diocletiano et « Maximiano... »

IV. L'opinion universellement admise, c'est que Piat vint en Gaule avec saint Quentin. *Sic* ses actes, d'après les manuscrits de Notre-Dame d'Acey, un manuscrit d'Usuard de l'abbaye de Centule, substituant saint Quentin à saint Denys : « Venit in comitatu S. Quintini, » Molan, Baronius, etc.

V. Quels sont les autres compagnons que la légende associe

à ces saints? Chrysole, Eugène, Rieul, Crépin et Crépinien, Fuscien, etc. : « A beato Dionysio presbyteri sumpsit offi« cium... (Manuscrit de Notre-Dame d'Acey)... Gratias tibi « ago, Domine, qui me dignatus es sanctorum Dionysii, Quin« tini, Luciani (quelquefois *Lucii* ou *Luciniani*), Crispini et « Crispiniani vel aliorum multorum qui passi sunt propter « nomen tuum, consortem efficere, etc. »

IX. — *Saint Quentin* (31 octobre).

I. Les actes de saint Quentin en Surius, qui datent de la première moitié du VIIe siècle, sont empruntés au récit d'un témoin contemporain, prouvent un auteur judicieux [1] et sont loués avec raison par les Bénédictins de Solesmes, Amédée Thierry, etc., — « ne lui donnent, » dit le savant auteur de l'Hagiographie du diocèse d'Amiens, « ne lui donnent qu'un « seul compagnon, Lucien, ou plutôt Lucius, qui, arrivé à « Amiens, continua sa route vers Beauvais. » — Pourquoi appeler Lucius le compagnon de saint Quentin? — Pourquoi distinguer avec Baronius et quelques autres *deux* Lucien? — Pourquoi associer le Lucien, apôtre du Beauvaisis, à saint Denys plutôt qu'à saint Quentin? — Il me suffit de constater après dom Ceillier: « Le plus assuré, » qu'on puisse tirer des actes de saint Quentin « c'est qu'il vint avec saint Lucien; » et après les Bollandistes : « Dans tous les manuscrits un saint « Lucien est attaché à saint Quentin. »

« En cette [vie] de saint Quentin, » dit l'Oisel, « qui est « ancienne et de laquelle Surius faict beaucoup d'estat, il y a « que sainct Lucian estant avec lui s'en alla à Beauvais, de sorte « qu'ils seroient tous d'un mesme temps, scavoir est soubz les « empires de Déce ou Dioclétien et Maximien ainsi qu'il est « disertement escrit en la vie de saint Quentin. »

II. Des monuments hagiographiques très anciens, savoir :

---

[1] Hist. litt. de la France, t. III, p. 500.

Une vie de saint Quentin rapportée par Héméré ; — un manuscrit de Saint-Germain-des-Prés ; — trois légendiers manuscrits de Notre-Dame, de Saint-Frambourg et de Saint-Rieul de Senlis, cités par Deslyons [1], se rencontraient dans ce texte :

« ... Temporibus Diocletiani et Maximiani imperatorum « multi Christianorum gravissimam persecutionem patiebantur... Hac itaque tempestate beatissimus Quintinus et sanctissimus *Lucianus,* Roma egressi, domino ducente, in Gallias « venerunt. Fertur etiam, sed et libelli eorum certaminum « testantur, cum eis sanctos Crispinum et Crispinianum, Rufinum, Valerium, Marcellum, Eugenium, Victoricum, Fuscianum, Piatonem atque Regulum pariter advenisse. Igitur « præfati duo sanctissimi viri, scilicet Quintinus et Lucianus « civitatem venientes, loca in quibus commorari deberent « elegerunt. Sanctus namque Quintinus Ambianis resedit, « beatus vero Lucianus Belvacum adiit... etc. »

III. La vie de saint Quentin du Mont-Renaud, manuscrit du IXe siècle, où : « Sanctus vir Quintinus Ambianis resedit ; « beatus vero Lucianus Belvacos expetivit. »

IV. Je dois, pour être équitable, signaler à la suite de Deslyons [2], un bréviaire manuscrit de la cathédrale de Beauvais qui avait interpolé à côté des noms de saint Quentin et saint Lucien le nom de saint Denys : « Beatissimus Christi « martyr Lucianus, ab urbe Roma egressus, a beato Dionysio « sumpsit officium presbyterii et ad Belvacensem urbem cursu « properavit intrepido atque tunc S. Dionysius Parisiis adiit. « Secunda lectio. S. denique Quintinus Ambianis civitatem « elegit ut unusquisque eorum de propriis civitatibus exemplis suis et traditionibus Christo Domino fructum boni « operis consecrarent. »

---

[1] Afforty, IV, 1912, 1916.
[2] Afforty, X, 5794.

V. Le 12 janvier 903, Raimbert (Rambert, Ranbert ou Raubert), évêque de Noyon, présidait à la « tumulation des « saints martyrs du Christ Quentin, Victoric et du confesseur « Cassien. » Voici ce que rapporte le discours (*sermo*) que nous a conservé sur cet événement « un très vieux registre de « l'église royale de Saint-Quentin. » (Héméré) : Sous les empereurs Dioclétien et Maximien et le persécuteur Rictiovare, Rome envoya à nos pays douze apôtres « Quintinum, *Lucianum*, « Crispinum, Crispinianum, Fuscianum, Victoricum, Rufi- « num, Valerium, Marcellum, Eugenium, Piatonem, Regu- « lum pariter advenisse. Fertur etiam a plerisque S. Dionysius « Areopagita cum eisdem advenisse, sed temporum series « refellit, nec ratio veritatis credi sinit. Hic denique confessor « Domini pretiosus Domitiani temporibus martyrii palmam est « adeptus; isti vero temporibus Diocletiani et Maximiani « Gallias sunt ingressi. Sanctus denique Quintinus Ambianis « civitatem obtinuit; beatus vero Lucianus Belvacus adiit, « etc. » Ce *sermo* sur la tumulation de saint Quentin renferme, on le voit, des détails aussi curieux que précis : (*a*) La *plupart* des hagiographes du Xe siècle associait aux missionnaires de la Gaule Belgique saint Denys l'Aréopagite. — (*b*) Néanmoins l'auteur du discours nie cette co-société. — (*c*) Pourquoi? Parce que la chronologie et la vérité la repoussent. — (*d*) Saint Quentin et saint Lucien demeurent inséparables.

VI. L'évêque Gui fit bâtir de 1067 à 1069, au milieu des prés de son évêché, l'abbaye de saint Quentin. Le Thérain seul sépare cette abbaye de celle de saint Lucien. Y a-t-il quelque conclusion à tirer de cette proximité? Le sol de l'hypothèse est souvent si dangereux! Cependant comme nous l'avons fait remarquer déjà, saint Ouen appelle saint Lucien le « collègue » de saint Quentin ; Hélinand répète la même formule.

VII. La vie du même saint que Raimbert, chanoine de Saint-Quentin-en-l'Ile, a composée à la fin du XIe siècle, semble ne faire mention dans sa rédaction primitive que de saint Lucien.

VIII. Vincent de Beauvais répète que saint Quentin est venu sous Dioclétien, fait cette remarque : « Jam enim S. Lu« cianus Belvaci prædicaverat » et met sur les lèvres du martyr de Vermand ces apostrophes au bourreau : « Lupe « rapax, disce quia pauper non est qui in Domino dives « est, etc. » — Mais que prouve la note : « Jam enim, etc. » de Vincent de Beauvais, lorsqu'on surprend le même auteur emprunter à la vie de saint Lucien du moine anonyme et appliquer à saint Quentin cette date : « Sed iterum interveniente « persecutione sub Juliano Augusto, etc.? »

IX. Nous trouvons cette croyance « Saint Lucien avec saint « Quentin » s'affirmer dans tous les manuscrits : « La vie « saint Quentin. Quant saint Quentin, qui gentilz homme « estoit et nés de la cité de Rome, si fu venus en la cité « d'Amiens avec saint Lucien, etc. [1] »

X. Hémeré, après avoir présenté saint Quentin comme le chef d'une mission de douze apôtres de la Gaule-Belgique, ajoute : « Les chaires épiscopales qu'il fonda ou rendit plus « illustres, nous les avons embrassées autrefois dans un poëme « plus long : Quas quisque doceret,

« In sortem misere urbes : tibi Sylvanectum,
« Regule; Bellovaci, Luciane; Suessio binis
« Crispinis; tibi Tornacum, generose Piaton;
« Victorice, tibi Morini Fuscique feroces;
« Rufino Rhemensis ager Valeroque locatus
« Sentibus et lolio, et sterili runcandus avena.
« Cesserit Eugenio quæ portio, quæ Marcello,
« Nescit posteritas vel qualis arena laborum :
« Ambiani cecidere Duci. »

Des auteurs leur adjoignent saint Chrysole, Albin et Lucius (?)

---

[1] Bibl. Sainte-Geneviève, H, f° 5.

XI. D'autres documents, que l'on pourra étudier, continuent à rapprocher les deux noms de saint Lucien et de saint Quentin; ce sont, par exemple : La passion de saint Eleuthère, où le franciscain Guibert a écrit [1] : « Parisiensem populum « Dionysius cum sociis adiit, *Lucianus* Belvacensem expetiit, « Ambianensem Quintinus, Suessionensem Crispinus et Crispinianus, Piatus vero populum Tornacensem, etc. » — La passion des saints Crépin et Crépinien qui commence ainsi : « Sub Diocletiano et Maximiano... Quintianus, *Lucius*, Vale« rius et Eugenius, etc. » — La vie de sainte Benoite, laquelle fut attirée en Gaule par l'exemple « Quintini... ac Luciani « simili fulgore venusti qui, natale solum romam linquendo, « per orbem occiduum sparsi, sociis cum pluribus, olim catho« lico tumidos moverunt dogmate gallos... » — Un inventaire où saint Angilbert mentionne parmi les reliques de l'abbaye de Centule ou Saint-Riquier [2] : « Dionisii, Rustici, Eleutherii..., « Quintini, Valentini, Marcelli, Luciani, Crispini et Crispi« niani. »

Que conclure? Saint Quentin subit son martyre entre 287 et 303, cela est certain; un Lucien, saint, missionnaire du Beauvaisis, lui est donné comme compagnon par tous les monuments, c'est un fait de critique hagiographique; un saint Denys est quelquefois introduit dans leur société par des auteurs de seconde valeur; donc, encore une fois, ou deux saints Lucien; — ou saint Lucien mis à tort à côté de saint Quentin et tous les manuscrits fautifs; — ou saint Lucien, si saint Denys appartient aux premier et second siècles, rehaussé contre la vérité par un prétendu contact de saint Denys; — ou saint Denys au IIIe siècle.

X. — *Saint Rieul* (29 mars).

I. Un manuscrit de Saint-Omer, que les Bollandistes ont

---

[1] Boll., t. VI.
[2] Boll., t. VI, p. 106.

copié, dit de Saint-Rieul : « Sociatus venerabilium collegarum « Dionysii, Rustici, Eleutherii et Eugenii cæterorumque con- « tubernio, quorum autem honorabile connubium sanctissimus « B. Petri apostoli successor Clemens libenter hilariterque « amplectens... Divini semina verbi fideliter spargendo. Unde « contigit Deo ducente ut sacratissimus antistes Regulus ad « Silvanectensium properasset mænia... Beatus itaque areo- « pagita Dionysius a Paulo invictissimo apostolo primum pon- « tificali infulatus nitore, post a S. Clemente Galliis destinatus, « Parisius residens, sanctum ac gloriosum eodem honore « summi præsulatus decoratum Regulum, ad Silvanectense « castrum libenter dirigens, Lucianum vero cum suis compli- « cibus sacerdotali politum ordine Bellovacum misit... Populus « Belloacensis... deprecatus est .. Regulum quatenus suum « athletam Episcopali sublimaret auctoritate. Qui... gressu « concito ire non tricavit. . Præfatus Lucianus cum Lucio... in « Dei... studebat servitio... » Rieul, arrivé à Canneville (villa Canaan), apprit le martyre de saint Lucien arrivé dans « une « sédition des grands... » « ut quidam metrocanorius in suo « pompavit poemate. »

L'analyse de ce document nous présente comme plus frappants ces détails *(a)* : Saint Rieul, compagnon de saint Denys l'Aréopagite. — *(b)* Emprunts très évidents aux actes fabuleux de saint Denys. — *(c)* Saint Lucien associé à la mission clémentine. — *(d)* Saint Lucien, prêtre seulement et diminué par l'hagiographe de saint Rieul au profit de son héros. — *(e)* Un Lucius à côté de saint Lucien et son contemporain par une fausse interprétation de la vie de saint Lucien, lequel était appelé Lucius avant son baptême. — *(f)* Saint Lucien martyrisé dans une révolte des grands, ce qui sent peu les mœurs du Christianisme naissant. — A mon avis le texte de saint Omer n'a point une valeur suffisante pour déterminer la chronologie de saint Lucien.

II. Quand mourut saint Rieul? Une opinion attache l'apôtre de Senlis à une mission du Ier siècle, alléguant :

Les anciennes vies manuscrites de saint Rieul du IXe, X^e^ et XIIe siècle (manuscrit de Saint-Omer, — manuscrit de Saint-Germain-des-Prés, de Châlis, de Saint-Arnould de Crépy, de Longpont, etc., — manuscrit d'Arles)[1]; — les liturgies anciennes d'Arles et de Senlis, qui s'expriment ainsi : « Apud « Silvanecti (ou Silvanectum) civitatem depositio sanctissimi « Reguli episcopi et confessoris (ou Reguli qui et confessoris) « quem S. Clemens pontificalis ordinis gratia consecratum cum « beato Dionysio direxit in Gallias, etc. »; — les diptyques de l'église d'Arles.

III. Une seconde opinion amène saint Rieul à la fin du IIIe siècle ou même au début du IVe, opposant : le peu de crédit des légendes supra-indiquées; le silence de certaines sources hagiographiques importantes[2]; la présence de saint Rieul au milieu de saints du IIIe siècle; le soupçon d'une confusion entre deux saints Rieul, l'un évêque d'Arles, l'autre, évêque de Senlis; certains détails de mœurs qui sentent peu l'ère des persécutions; le sentiment de beaucoup d'érudits, etc.[3].

XI. *Sainte Romaine* (3 octobre).

Sainte Romaine, d'après un écrivain anonyme du IXe siècle,

---

[1] Deslyons, en Afforty, IV, 1956. analyse et compare : les ms de Saint-Arnould de Crépy et de Notre-Dame de Senlis, — le ms de Saint-Victor de Paris qui contient la vie de saint Rieul par Gui, abbé de Saint-Denys, — le ms d'Arles : « Venerabilis Celestinus Hybernus scripsit vitam S. Reguli « jussu Regis Clodovei. quam super sarcophagum ejus duabus tabulis lapi- « deis inscriptam invenit et ad agnitionem omnium diffamari præcepit. »

[2] Les versions les plus pures de Bède, d'Adon et d'Usuard contiennent, dit Deslyons : « Apud castrum Silvanectensium depositio S. Reguli episcopi « et confessoris, — Silvanectis depositio... — Apud castrum... confessoris « primi civitatis ipsius... Reguli ejusdem urbis episcopi, etc. » — Aff., IV, 1918.

[3] Voir *de l'Apostolat de saint Rieul,* dans les comptes-rendus du Congrès tenu à Senlis par la Société française d'archéologie, en mai 1877. Dans cet essai, lire : Bollandistes XXIX mars au lieu de XXX, et le manuscrit de Saint-Omer au lieu de : les manuscrits de Saint-Ouen.

dont un manuscrit de l'abbaye de Saint-Quentin près Beauvais nous a conservé le texte, vint avec plusieurs prédicateurs (non nommés) « parmi lesquels brillèrent, comme des lumières po-« sées sur des candélabres, les martyrs du Christ, Quentin et « Lucien, lesquels entreprirent d'attaquer l'incrédulité, l'un « amiénoise, l'autre beauvaisine, jusqu'à ce qu'ils trouvassent la « couronne d'un glorieux martyre. Il y avait au même temps à « Rome, dans une genre de vie saint, douze vierges nobles... « Donc, la bienheureuse Benoîte, benoite (benite) de nom et de « mérite avec sa sœur de lait Léoberie vint à Laon. Et « Romaine allant à Beauvais commença à servir le Seigneur « avec grande affection de cœur, car associée à certains chré-« tiens, que la prédication de saint Lucien avait amenés au « bercail du Seigneur, elle s'appliquait aux jeûnes... Mais, « lorsque le prince de l'empire terrestre eut promulgué par « par les vastes étendues du monde ses décrets d'iniquité, il « forçait les serviteurs et les servantes de Dieu, en quelque « lieu qu'ils vécussent, ou à immoler aux idoles, ou à affronter » la mort à travers divers genres de tourments, etc. »

Sur quoi il importe de faire ces quelques remarques : *(a)* Cette vie de sainte Romaine renferme plus d'un emprunt fait à la légende de sainte Benoite et à d'autres vieux documents. — *(b)* Saint Quentin avec saint Lucien. — *(c)* Douze missionnaires, douze vierges. — *(d)* Le saint Lucien, associé à saint Quentin est le Lucien apôtre du Beauvaisis. — *(e)* « Cum « autem princeps terreni imperii... iniquitatis decreta divul-« gasset, etc., » rappelle le « cum Julianus decreta principum « accepisset, etc., » de la vie de saint Lucien.

A quelle date faut-il placer le martyre de sainte Romaine? L'ancien Bréviaire de Paris le croit postérieur à l'année 290 [1]. L'on trouvera dans les Bollandistes un récit de la translation des reliques de sainte Romaine à l'abbaye de Saint-Quentin, — c'était sous le roi Philippe Ier et les évêques Eudes de Senlis,

---

[1] Boll.

Radbert de Noyon, Gauthier de Meaux, etc. (1068-1075), — lequel, parmi d'autres détails très intéressants, nous dit : « Hic ergo sanctorum Quintini et *Luciani* corpora sibi obviam « facta sunt. »

XII. *Saint Rufin et saint Valère* (14 juin).

I. Les actes de ces deux saints, tels que les Bollandistes les ont copiés fidèlement « dans divers manuscrits anciens », racontent dans un style déclamatoire et mauvais que Rictiovare fut envoyé par Dioclétien et Maximien « ut in Gallias ageret « præfecturam » — atteignit Rufin et Valère qui fuyaient, — fut pris d'un vif désir d'aller à Vermand pour tuer saint Quentin dont il avait appris la réputation fameuse « audita « famositate beati Quintini, Vermandorum Augustam aggredi « cupiens, ut eum interficeret. »

II. Marlot, dans son Histoire de Rheims [1], résumant le martyre des saints Rufin et Valère d'après un texte manuscrit de Rheims, dit : « Lorsque Quentin, *Lucien,* Valère et Rufin « avec d'autres, quittant Rome, leur patrie, eurent atteint les « Gaules et choisi les lieux où chacun prêcherait..., Rictiovare, « dont le martyre de saint Quentin n'avait pas assouvi la « rage, etc. » — « Quum Quintinus, *Lucianus,* Valerius et « Rufinus cum aliis, Roma patria relicta, in Gallias pervenis- « sent, elegissentque sibi loca quibus prædicarent... Rictio- « varus, rabie Quintini martyrio necdum expleta...

La date de Dioclétien, de Maximien et de Rictiovare a été acceptée pour le martyre des saints Rufin et Valère par Usuard, par le martyrologe romain, par dom Grenier, etc. »

III. Radbert, il était alors évêque de Corbie, composa à la demande des habitants de Bazoches (845) une vie des saints Rufin et Valère. « On me présenta », dit-il, « un petit opuscule qui « contenait leur combat. Ayant constaté que la trame de l'his-

---

[1] Liv. I, chap. 20.

« toire y était altérée (historiæ depravatam videns seriem) « par suite, soit de l'ancienneté, soit de l'ignorance de l'écri- « vain, je m'efforçai de la ramener à une correction meilleure « (ad emendatioris stili formam). La piété me pousse à ce genre « d'ouvrages plus encore qu'à la vénération des reliques. Loin « de moi le malheur de toucher à la foi des faits! notre style « n'est qu'une trame qui soutient le récit des anciens. Que si « des ignorants décochaient de ces calomnies que forgent la « méchanceté ou la jalousie, nous devons passer en faisant la « sourde oreille. » Nous avons déjà remarqué ces deux écoles de chronologie, cette tournure d'hostilité chez Hilduin, etc. « Sous l'empire de Dioclétien et de Maximien-Auguste, une « tempête de persécution sévit contre les Eglises du Christ. « Déjà l'Evangile de la vérité avait éclairé le monde Romain. » — Insistance sur cette universalité de la prédication évangélique. — « Des troupes de peuples se pressaient vers des « Eglises innombrables... » Edit de persécution, la dix-neuvième année de l'empire de Dioclétien. — « Des tourments « nouveaux et raffinés sont imaginés. »

« A cette époque des hommes illustres et remarquables par « la constance de leur foi et la sainteté de leurs mœurs, Quen- « tin, Victoric et Fuscien, Rufin et Valère, Crépin et Crépi- « nien avec d'autres compagnons, natifs de Rome, prêchant « aux peuples de la seconde Belgique encore esclaves de la su- « perstition, les paroles de la vie, les appelaient du joug des « démons à la liberté du Christ... Comme des astres très joyeux, « ils éclairaient les Gaules. Une tradition rapporte que ce « fut avec le bienheureux Denys qui avait été envoyé par le » bienheureux Clément, pontife du siége romain, pour animer « les cœurs froids des Gentils par la chaleur de la foi, que ces « missionnaires pénétrèrent sur le sol des Gaules; mais la « chronologie est hostile à cette tradition (temporum series « repugnat). Enfin saint Denys reçut la couronne du martyre « sous Domitien-César, la seconde année de son empire; mais « ceux-ci obtinrent la gloire de l'immortalité sous Dioclétien

« et Maximien-Auguste, ce qui constitue une distance de « temps d'au moins deux cents dix ans... Donc, comme toute « vraisemblance le démontre, Denys brilla, quand les antiques « ténèbres de la gentilité pesaient encore sur les peuples de « Belgique..., les autres saints, lorsque la sérénité de la lu- « mière avait déjà dissipé les premières ombres. » — Cruautés de Rictiovare à Reims, à Vermand, à Amiens, etc.

J'ai insisté sur la pensée de Radbert, parce que l'éducation de Radbert, élève de saint Adalard, « la douceur de son ca- « ractère, sa prudence [1], » son humilité profonde, bref toutes ses qualités d'esprit et de cœur contribuent à rehausser l'historien et sa thèse.

XIII. *Saint Yon* (22 septembre).

« A la Châtre, saint Yon, prêtre et martyr, qui, étant venu « dans les Gaules avec saint Denys, fut fouetté par les ordres « du préfet Julien et consomma son martyre par le glaive. » — Martyr. rom.

Je n'insisterai pas sur saint Yon, dont Louvet [2] rapporte : « qu'en sa vie, il est porté qu'il fut l'un des compagnons « de saint Cancien, saint Denys, saint Quentin (!), saint Lucian « envoyez par saint Clément, etc. »

Les deux vies que les Bollandistes ont rapportées de saint Yon, sont peu estimables. La première, plus longue, n'est qu'un plagiat interminable et fait à l'étourdie (oscitanter) de la légende de saint Lucien : « Post beatam et gloriosam..... tempore Ju- « liani crudelissimi tyranni, beatissimus Yonius una cum beato « Dionysio partibus Atheniensium advenit, deinde Galliam « simul cum discipulis septuaginta duobus usque Parisius « pervenerunt. » *Belvacensem ad urbem* a fait place à *Castrensem pagum;* Quentin a fui devant Caraunus, etc. — La seconde vie, moins mauvaise et moins diffuse, confond les deux Denys, copie encore la passion de saint Lucien, etc.

---

[1] Loup, abbé, ép. 56.

[2] T. I, 381.

CHAPITRE VI

CONCLUSIONS

§ Ier. — *Faits généraux.*

I. Il importe de se rappeler : Premièrement, qu'un des caractères propres de la parole évangélique est *sa puissance* divine *de diffusion*. — Deuxièmement, que la propagation du christianisme est un fait essentiellement *miraculeux*. « Euntes « ergo *docete omnes* gentes [1]. Quoniam repellitis illud [verbum « Dei] ecce convertimur ad gentes [2]. Orate pro nobis ut sermo « Dei *currat* et clarificetur, etc., etc. [3]. » — « Aller *vers tous* « pour prêcher le nom de Jésus » dit Eusèbe de Césarée, « aller « au-delà de l'Océan vers les îles appelées Britanniques, pour « moi certes, jamais je ne penserai que cela soit selon « l'homme [4]. »

II. Le christianisme fut annoncé dès les temps *apostoliques* dans l'univers entier : « Probabiliter sæculo primo Evange- « lium per universum orbem propagatur [5]. » Sinon comment interpréter la prophétie : « In omnem terram exivit sonus eo- « rum, » etc. [6]? — Comment traduire les textes si affirmatifs de saint Justin [7]; d'Hégésippe [8]; de saint Irénée [9]; de Tertullien [10]; d'Arnobe (304) [11]; de Lactance [12]; d'Eusèbe [13]; d'Orose :

---

1 Math. XXVIII, 19.
2 Act. XIII, 46.
3 II Thess., III, 1.
4 Hist. eccles., lib. II, ch. III. Démonst. évang., lib. III, ch. V.
5 Boll., XVII oct., XXV oct., p. 392.
6 Ps. XVIII, 5, Rom. X, 18.
7 Dial. cum. Triphone, n° 8.
8 De excidio Hierosolymitano.
9 Contra Hæreses, lib. II, cap. III.
10 Adv. Judæos, cap. VII.
11 Adv. Gentes, cap. III.
12 Divin. instit., V, 13, de morte persecut., cap. III et IV.
13 Démonst. évang., liv. III, ch. 5. Prépar. évang., liv. II, 3.

« Domitianus confirmatissimam toto orbe terrarum Christi « Ecclesiam datis ubique crudelissimæ persecutionis edictis « convellere nisus est. » ; de saint Jean Chrysostome [1] : « La « plus grande preuve de la puissance de Jésus-Christ, c'est « que sa doctrine pénètre dans l'univers entier en vingt ou « trente ans? »

III. Le christianisme éclaira la Gaule du temps même des apôtres, de leurs premiers successeurs, et en particulier de saint Clément (91-100). Voici les preuves de cette affirmation:

1. Cette assertion est contenue évidemment dans la précédente.

2. Beaucoup de commentateurs, à la suite de saint Epiphane [2], saluent la Gaule dans ce texte de la seconde épître de saint Paul à Timothée : « Demas... abiit Thessalonicam in « *Galatiam*, Titus in Dalmatiam... » Je crois plutôt qu'il s'agit de la Gaule cisalpine.

3. Tertullien [3] écrit vers l'an 200 : « Getulorum varietates « et *Galliarum diversæ* nationes et Britannorum inaccessa « Romanis loca, Christo vero subacta » qu'il faut traduire par : « Les diverses peuplades des Gaules... sont soumises au « Christ. »

4. La lettre de sept évêques de Gaule à sainte Radegonde (555) commence ainsi : « Itaque cum ipso catholicæ religionis « exortu cœpissent Gallicanis in finibus (territoire) venerandæ « fidei primordia respirare, etc. »

5. Si les îles Britanniques « lieux inaccessibles » furent évangélisées de bonne heure, au dire de Tertullien, la Gaule qui était le chemin naturel vers ces extrémités du monde romain, ne dut point échapper à ce bienfait.

---

[1] Hom. LXXV, in Matto.
[2] IV, 9, 10. Adv. Judæos, cap. VIII.
[3] Adv. Hæreses, lib. II, cap. XI.

6. C'est le sentiment même des champions les plus ardents de Grégoire de Tours.

7. « Rome » dit admirablement M. Paulin-Paris [1], « Rome « était dans un rapport trop immédiat, trop continuel avec les « Gaules, pour que les prêtres et les confesseurs chrétiens, « obligés de lutter dans le cirque contre les lions ou les tigres, « ou de se réfugier dans les catacombes, n'eussent pas fré- « quemment passé dans nos provinces. Supposer que le chris- « tianisme, qui avait déjà envahi les Germanies et l'Espagne, « n'eût pas encore assez de retentissement pour que le bruit « en arrivât jusqu'à nous, c'est aller contre le sentiment de « Senèque, de Pline et de Tacite ; c'est fermer les yeux à l'his- « toire elle-même. »

IV. Le texte de Sulpice Sévère (vers 400) : « Tum pri- « mum, etc. », la lettre des sept évêques gaulois à sainte Radegonde en 550, et le passage célèbre de Grégoire de Tours : « Sub Decio imperatore, etc., » ne contredisent en rien les conclusions qui précèdent.

1. Sulpice Sévère, qui mérita pour la gravité et l'élégance de son style la qualité de Salluste chrétien, après avoir raconté la persécution que Marc-Aurèle suscita à Lyon, ajoute : « Tum primum (177) intra Gallias martyria visa, serius trans « Alpes religione Dei suscepta. » Que conclure de cette phrase? — *(a)* Qu'il n'y eut point en Gaule de martyres *réglementés* et *en masse* « martyria » avant 177. L'on rencontre sans doute, dans les légendes de saints antérieurs à cette époque, des noms de persécuteurs fameux; mais leurs cruautés étaient des responsabilités personnelles. — (*b*) Le comparatif « serius » indique dans le contexte une date antérieure à 177. — *(c)* « Suscepta » par la multitude, ce qui ne contredit point, ni des prédications précédentes, ni des conversions plus ou moins isolées. — *(d)* Pour qu'il y eût en 177 des « martyria », il fal-

[1] Hist. litt. de la France.

lait une préparation d'âmes qui nous conduit aisément vers la fin du Ier siècle.

2. « C'est pourquoi », écrivent les sept évêques gaulois à sainte Radegonde, « lorsqu'au lever même de la religion catho-« lique, les débuts de la foi vénérable eurent commencé à res-« pirer dans le pays gaulois (Gallicanis in finibus) et que les « ineffables mystères de la Trinité du Seigneur n'étaient par-« venus encore qu'à la connaissance d'un petit nombre, alors « Dieu suscita saint Martin, etc. » — Si l'on analyse ce texte dont la fin contient peut-être une certaine pointe d'exagération, qu'y découvre-t-on? — (*a*) Qu'il y eut dès le début du christianisme un certain souffle de foi en Gaule. — (*b*) Que nonobstant le long temps qui s'écoula entre les premiers apôtres de la Gaule et saint Martin, le nombre des croyants était encore petit. — (*c*) Et qu'il était réservé à saint Martin et à l'influence monastique de réparer ce retard.

3. Je ne m'étendrai point sur ce passage de Grégoire de Tours, qui est la base de ce que l'on appelle « l'école Grégorienne [1] ». Quels que soient les jugements divers qui ont été portés sur le Père de l'Histoire des Francs, la vérité chronologique qui s'est conservée sous des incidences fâcheuses, la contradiction vraie ou seulement apparente qui existe entre son *Histoire* et son *Livre des Miracles*, la valeur plus ou moins considérable du crédit qui lui est accordé par d'autres documents hagiographiques, Grégoire de Tours, comme le font remarquer à bon droit Sirmond et dom Ruinart, « ne nie point « qu'il soit venu en Gaule avant les martyrs de Lyon, avant « les sept évêques, avant Dèce, des martyrs ou d'autres « hérauts de la foi. »

V. Je renvoie à M. Le Blanc pour les objections qui semblent venir de l'épigraphie, rareté des inscriptions chrétiennes, etc., et passe, sans m'arrêter aux conséquences exa-

---

[1] Histor., lib. I, cap. 28.

gérées que l'on tire souvent des lacunes des anciens catalogues ou diptyques épiscopaux.

VI. Quelle fut la forme des missions primitives du christianisme, en Gaule spécialement ? Deux systèmes ont été soutenus. — *(a)* Premier système. Les missionnaires ont porté çà et là plutôt que fixé le flambeau évangélique. — *(b)* Deuxième système. Les missionnaires, fidèles à l'esprit de l'empire romain, lequel achevait la soumission des peuples conquis par le double moyen des camps militaires et de la colonisation, ont organisé des centres ecclésiastiques d'où l'Evangile rayonnait. — *Sic* dom Chamart, qui appuie sa thèse sur des raisons de présomption, des faits historiques et des détails de légendes peut-être discutables.

VII. Plus d'un fait : rivalités de métropoles aux IVe, V[e] et VIe siècles, Arles, Vienne et Lyon, Sens et Bourges, Tolède et Brague, etc. ; — contact imaginaire entre tels fondateurs d'Eglises et des personnages évangéliques, — démontrent ce que les Bollandistes appellent « l'amour ambitieux de certains pour « leur Eglise personnelle. » Donc, « quoiqu'il soit assez cons- « tant que la lumière évangélique, dès le premier siècle déjà, « ait brillé sur les Gaules, il ne faut point pour cela et sans « discernement, admettre que les origines de chacune des « Eglises des Gaules remontent jusqu'à l'ère des apôtres ; mais « il faut bien peser leur sincérité : Sed earum sinceritas rite « est expendenda ; ambitiosus est quandoque pro singulis Ec- « clesiis suis quorumdam amor [1]. »

VIII. Quelles sont les Eglises *apostoliques* des Gaules, c'est-à-dire les Eglises des Gaules fondées par des missionnaires qui ont partagé ou vu les travaux des apôtres ? Ici les hagiographes, sollicités en sens divers par des traditions locales et des légendes remaniées, s'accordent difficilement entre eux.

---

[1] Boll. XXV oct., page 392. Voir XVII oct. de Origine Ecclesiarum Galliarum.

Arles et Lyon font reculer et à bon droit, ce me semble, leur origine à l'ère des apôtres, par saint Trophime et saint Crescent. — Bourges (saint Ursin), Limoges et Périgueux (saint Martial, saint Front), Narbonne (saint Paul Serge), Vienne (saint Crescent), paraissent avoir des titres à pareil honneur. Pour les autres Eglises des Gaules, je répéterai volontiers ce que Guillaume Coriander dit [1] : « Où furent les premières « Eglises des Gaules? Chaque écrivain tranche la question « selon ses affections. »

IX. Le nord de la Gaule ne fut point tout à fait déshérité. « Qu'il y ait eu » dit Delettre, « dès le premier siècle quelques « chrétiens dans notre province, ne fut-ce que parmi les sol- « dats de la garnison romaine, nous ne le contesterons pas : « cela pouvait être. Hesterni sumus et vestra omnia imple- « vimus, urbes, insulas, castella, municipia, conciliabula, cas- « tra ipsa. Sola vobis relinquimus templa [2]. » Si la mission générale, disais-je au Congrès que tenait à Senlis en 1877 la Société française d'archéologie, si la mission *générale*, officielle du nord de la Gaule ne date, d'après beaucoup, que du IIIe siècle, néanmoins quelque soldat chrétien, perdu dans les stations de Champlieu, de Gouvieux, de Cæsaromagus, quelque marchand inconnu, quelque prédicateur isolé dut porter le nom du Christ jusque dans nos forêts, exalter chez les Gaulois leur sentiment vif de l'immortalité par le récit des persécutions, exécuter les instructions de Dieu quand il inspirait aux Romains leurs voies merveilleuses, et réaliser la prophétie : « In omnem terram exivit sonus eorum. » C'est le sens de beaucoup de textes des Pères, la pensée des hagiographes les plus autorisés, et une vérité, permettez-moi cette expression, de haute convenance divine.

Quelle fut la mesure de cette prédication première à Amiens,

---

[1] Augustæ Treverorum Annales, etc., 1619, p. 38.
[2] Tertull. Apolog. ch. 37.

où M. Ch. Salmon veut que saint Firmin soit venu de très bonne heure ; à Cambrai, où saint Géry ; à Châlons, dont le premier évêque, saint Menge, aurait été sacré, dit le martyrologe romain, par saint Pierre ; à Evreux, où saint Taurin « ... fait des ordinations canoniquement ? »

X. Que faut-il penser de la tradition de douze missionnaires venus avec saint Denys évangéliser le nord de la Gaule ? L'on s'appuie pour la défendre sur les actes des saints martyrs Fuscien, Victoric et Gentien [1], — et sur une lettre des Pères du Concile de Paris (825) à Eugène II inspirée des actes précédents. *Sic* les abbés Pocquet, Chevalier, de Tours, de Meissas, etc. Mais les actes des saints martyrs Fuscien, Victoric et Gentien ne sont pas d'accord sur les *noms* des missionnaires ; mais les Pères du Concile de Paris placent leur mission *sous saint Clément* : « S. Dionysius... qui a sancto Clemente... in « Gallias cum duodenario numero primus prædicator directus « est ; » mais les saints que l'on veut attacher à cette mission des douze ont dans leurs légendes un nombre *très variable* de compagnons [2].

XI. Quelle opinion convient-il à une critique très sérieuse d'adopter sur *saint Denys ?* Il est difficile de répondre à une semblable question, lorsqu'on voit des autorités comme les Bollandistes, les abbés Chevalier, de Tours, Eugène Bernard, Darras, etc., embrasser et soutenir avec ardeur des sentiments opposés. L'hagiographie sévère saluera-t-elle deux saints Denys, un saint Denys d'Athènes et un saint Denys de Paris, ou Hilduin qui les confondait est-il le champion d'une thèse historiquement vraie ? — Saint Denys fut-il envoyé par saint Clément, comme le rapportent le plus grand nombre des anciens manuscrits, Bède, Florus, etc., ou cette chronologie est-elle un bruit qu'il ne faut mentionner qu'avec réserve, comme le fait

---

[1] Ghesquière. Acta sanctorum Belgii, t. I, p. 161.
[2] Voir M. Ch. Salmon : *Vie de saint Firmin*, p. 119.

Rabân-Maur : « Quos referunt a Clemente missos », ou négliger absolument à la suite d'Usuard, d'Adon : « A Pontifice « Romano » ? — La présence de saint Denys dans telle ou telle légende de saints doit-elle être acceptée sans examen, ou ce rapprochement est-il le fait d'une imagination plus ardente qu'éclairée ? L'on verra dans les Bollandistes, au IX octobre [1], des chapitres intéressants sur ce sujet, par exemple : « Quand « l'opinion qui lie la mission de saint Denys au Ier siècle, a-t- « elle davantage pris vigueur? L'opinion opposée qui la retarde « jusqu'au IIIe siècle, est de beaucoup plus vraisemblable et « même est presque certaine. » J'ai déjà suffisamment indiqué mes préférences.

§ II

Pour ce qui est de *saint Lucien,* sa légende, — et c'est un fait de critique que l'on n'a point suffisamment constaté, — sa légende réunit, comme en une trinité d'hommes apostoliques, saint Denys, saint Lucien, saint Quentin : « Gratias « ago, » dit le martyr du Beauvaisis sous la plume du moine anonyme, « gratias ago tibi, Domine Jesu Christe, redemptor « mundi, qui me dignatus es... beatissimorum tuorum Dionysii « et Quintini consortem efficere. » Donc (*a*) ou bien saint Lucien est venu avec saint Denys au IIIe siècle et saint Quentin; — (*b*) ou bien saint Lucien, si saint Denys fut envoyé par saint Clément et appartient au Ier siècle ou au commencement du second, a visité nos contrées avec saint Denys *seul;* — (*c*) ou bien il faut distinguer deux Lucien, l'un associé à la mission clémentine de saint Denys, l'autre « collègue » de saint Quentin; — (*d*) ou bien saint Lucien doit être séparé de saint Denys et laissé à la compagnie de saint Quentin. — Je ne mentionnerai que pour mémoire l'erreur singulière de Louvet qui veut « que *Quentin*, Crépin, Crépinien et Piat soient

[1] § VI et § VII.

« aussi des envoyés de saint Clément; » elle témoigne de l'embarras dans lequel peut jeter un parti-pris exagéré.

La première solution : (*a*) Denys, Lucien et Quentin, que le moine anonyme semble accepter, n'a, à mon humble avis, contre elle aucune objection insurmontable. Est-il certain que Lutèce ait été évangélisée par saint Denys avant le IIIe siècle?

La seconde solution (*b*) me paraît inacceptable. L'on comprend aisément que la vogue de l'Aréopagitisme et la ferveur du IXe siècle pour saint Denys ait introduit, avec plus de zèle pieux que de critique historique, son nom dans la légende de saint Lucien, comme l'a fait peut-être le moine anonyme, et ait chargé d'épisodes démesurés la simplicité du vieux texte, comme il apparaît dans l'œuvre d'Odon; mais l'on s'expliquerait moins que l'on ait interpolé le nom de saint Quentin.

Deux Lucien est une troisième solution (*c*) que les abbés Corblet et Sabatier, M. Ch. Salmon, etc. [1], ont avancée à la suite de Louvet et de Baronius. « Cette façon de penser, » avait dit Louvet, « a donné lieu à plusieurs, pensant concilier « les auteurs, de dire qu'il y a deux martyrs en Beauvaisis, « dénommés du nom de saint Lucian, dont le premier estoit « contemporanée à saint Denis qui souffrait la mort sous « Domitian; l'autre estoit compagnon de saint Quentin, de « saint Crespin et de saint Crespinian que l'on a dit avoir « souffert le martyre sous Diocletian [2]. »

« Saint Quentin, » répète l'abbé Sabatier, « vint avec un « certain Lucien ou plutôt Lucius qu'il ne faut pas confondre « avec saint Lucien, apôtre du Beauvaisis. » N'est-ce point se tirer vite d'affaire? Le Lucien avec lequel vint saint Quentin n'est point, que je sache, un *certain* Lucien; tous les manuscrits de la vie de saint Quentin traitent son compagnon avec

[1] *Mémoires des Antiquaires de Picardie*, IIe série, t. VIII, p. 49, 96, 97, 150.

[2] Histoire de la ville ou cité de Beauvais, MDCXIII.

plus d'égards, l'appelant « le très saint Lucien, le très bien« heureux Lucien, etc., » le mettent devant Beauvais dans une situation pareille à celle que saint Quentin occupe devant Amiens : « Saint Quentin demeura à Amiens, le bienheureux « Lucien gagna Beauvais, » le confondent avec le martyr du Vermandois dans le don des miracles et des guérisons : « Par « les prodiges et les cures de ces deux saints..., » et préparent la formule que nous retrouverons dans d'autres documents sérieux : « Saint Lucien, collègue de saint Quentin. »

Ce « certain Lucien », pourquoi lui imputer de préférence le nom de *Lucius,* qui semble n'être dans quelques très rares manuscrits ou légendes que le résultat d'une lecture étourdie des actes de saint Lucien? L'apôtre du Beauvaisis, interrogé par le bourreau, répond : « Je m'appelais *Lucius* du nom de « mes parents; au baptême mon nom allongé (aucto nomine) « devint Lucianus, etc. » Pour avoir lu ou retenu mal cette substitution de noms, un ou deux manuscrits de la vie de saint Quentin répèteront Lucius contrairement à tous les autres textes, et la légende de saint Rieul commettra une erreur plus grave encore : « Le peuple de Beauvais... sup« plia... Rieul d'élever son athlète à l'autorité épiscopale... « Rieul n'hésita pas à aller (vers saint Lucien) d'un pas ra« pide... Le susdit Lucien avec Lucius s'appliquait à mener « dans le service de Dieu (les Bellovaques). »

Oserais-je affirmer (*d*) que saint Lucien, le Lucien, apôtre de Beauvais et martyr de Montmille, est certainement le compagnon de saint Quentin? Tous les manuscrits de saint Quentin le proclament : c'est un point de critique hagiographique indiscutable et, par une conséquence rigoureuse, nier la cosociété de saint Lucien et de saint Quentin, c'est taxer d'erreur tout un ensemble de monuments graves et porter un coup ruineux à la méthode de discussion. Une des deux vies de saint Lucien — et la plus ancienne, la plus ingénue, la plus rapprochée, ce semble, de la passion originale, la plus exempte de toute tournure de thèse — accole au nom de saint Lucien le nom de saint Quentin avec une instance particulière qu'elle n'a point pour saint Denys.

Le dirai-je? Une sorte d'instinct pieux continue, malgré certaines contradictions officielles, d'unir dans une fraternité d'apostolat et de patronage saint Lucien et saint Quentin. Qu'on lise plutôt les inscriptions qui décorent le tour du chœur de la noble basilique de saint Quentin et les procès-verbaux des fêtes religieuses qui ont animé l'antique Auguste des Vermandois : « D'immenses oriflammes, » écrivait dans l'*Univers* (octobre 1875) un Pèlerin anonyme, « d'immenses « oriflammes, les uns aux chiffres de saint Quentin, les autres « portant les armes du Saint-Père et de l'évêque du diocèse, « se déroulent majestueusement entre chacun des piliers du « chœur et des deux grands transepts. Ceux de la nef portent « avec les noms des compagnons de saint Quentin, le chiffre « des villes qu'ils ont évangélisées : Saint Quentin, Amiens et « le Vermandois; saints Crépin et Crépinien, Soissons; saint « Lucien, Beauvais; Thérouane, saints Victoric et Fuscien; « Trêves, saint Marcel; Tournay, saint Piat; Senlis, saint « Rieul; Reims, saints Rufin et Valère. »

Bref, tout pesé, je trouve *soutenable* l'opinion qui sépare saint Lucien de saint Quentin, l'attache à une mission du Ier siècle et recule si avant la fondation de l'Eglise de Beauvais; être plus tranchant, serait irrespectueux pour des autorités sérieuses et maint savant dont j'estime grandement les consciencieuses recherches. Mais aussi je crois *plus convaincantes,* à cause de leur force et de leur nombre, les raisons qui m'inclinent à répéter : « Saint Lucien, collègue de saint Quentin, » à voir dans la chronologie « a beato Clemente » une ambition fausse d'antiquité et à placer seulement au IIIe siècle l'établissement officiel de l'Evangile dans notre pays.

En terminant, je prierai mes patients lecteurs de me pardonner la sécheresse inévitable de ce genre de travaux, la situation de dubitation dans laquelle je suis forcé de demeurer et les violations, que j'aurais pu commettre, par mégarde, des grandes lois de critique historique et de réserve religieuse que je me suis rappelées au début de cette étude.

1. J'ai cru qu'il valait mieux présenter et analyser *froidement* des documents que faire de la discussion passionnée.

2. Pour ce qui est du second reproche, j'ai dans ce système de prudence, ai-je déjà écrit, de réserve, d'hésitatiou, si l'on veut, le mot n'est pas humiliant, des maitres qui ne sont point à dédaigner. C'est par exemple du Bosquet, « homme » disent les Bollandistes, « illustre par sa science qui, levant des doutes « sur les premiers évêques de la Gaule, » s'exprime ainsi [1] :

« Pour ce qui est des premiers hérauts de l'Evangile dans la « Gaule, les hagiographes ne sont point d'accord ni dans les « listes qu'ils en donnent, ni dans le temps qu'ils assignent à « leur missiou, car la plupart tiennent que les apôtres Pierre « et Paul ou leurs disciples sont les premiers fondateurs des « Eglises des Gaules; d'autres attribuent à saint Clément et aux « pontifes Romains qui leur ont immédiatement succédé l'envoi « des premiers évêques des Gaules; d'autres retardent jusqu'au « second siècle, soit vers l'an 170, le lever en nos pays de la « lumière évangélique. Ces questions sont *tellement obscures* « que l'on ne saurait affirmer aucune de ces opinions avec une « absolue certitude. Les défenseurs de la première opinion « n'ont été amenés que par un amour longtemps endormi de « l'antiquité à rapprocher les débuts de l'Eglise gallicane des « origines de l'Eglise universelle, etc., etc. »

3. Je n'ai eu qu'une préoccupation — et ce doit être la préoccupation première de tout hagiographe — la vérité. « Dicenda sunt cum veritate quæ veritas gessit [1]. » Heureux si j'ai pu attirer sur elle quelques rayons de lumière !

---

[1] Boll., t. III, Martii, XXII, Mart., p. 370.

D'autres qui me suivront feront mieux. Peut-être démontreront-ils, à l'aide de documents encore ignorés ou de raisonnements mieux déduits, que leur opinion a plus de poids que la mienne. Qu'importe que notre personnalité triomphe ou soit vaincue, pourvu que la vérité paraisse davantage ! A la suite de Baronius, s'il nous était permis de comparer nos modestes travaux aux labeurs de tels hommes, à la suite de Baronius, sacrifiant une vaste accumulation de recherches et de documents devant la découverte inattendue des reliques de Félix, *pape* et martyr, nous redirions ce trait d'esprit : « J'ai tenu « pour un accident très heureux d'être vaincu par Félix. « Vincique a Felice felicissime accidisse putavi. »

L'abbé Eug. Müller.

[1] Letalde. Vie de saint Julien.

TABLE

www.ingramcontent.com/pod-product-compliance
Lightning Source LLC
LaVergne TN
LVHW020346230826
846091LV00003B/1006

9782012831926